Johanna Friedl
Spielerisch mit Angst umgehen

Johanna Friedl

Spielerisch mit Angst umgehen

Spiele und Übungen
für den positiven Umgang mit Ängsten

Illustrationen von Doris Rübel

Ravensburger Buchverlag

INHALT

Vorwort

Was die kindlichen Ängste bedeuten, wie Sie einfühlsam reagieren und spielerische Bewältigungsmethoden anbieten können, erfahren Sie in diesem Buch.

Kinderängste haben viele Gesichter

Kinder leben nicht immer in einer heilen, behüteten Welt – ganz im Gegenteil: Oftmals werden sie von vielen Schrecken und Ängsten geplagt.

Nora schreit gellend durch die Nacht und wenige Augenblicke später erscheint sie weinend im elterlichen Schlafzimmer. Hannes klammert sich im Kindergarten an seine Mama. Er weint und jammert: „Bitte, Mama! Lass mich nicht allein!" Mara windet sich morgens von heftigen Bauchschmerzen geplagt im Bett: „Ich bin wirklich krank und kann heute nicht in die Schule gehen!" Mirco sieht einen Hund, versteckt sich hinter seinem Vater und weigert sich weiterzugehen. Solche oder ähnliche Situationen kennen alle, die mit Kindern leben und arbeiten. In allen beschriebenen Situationen spiegeln sich kindliche Ängste wieder. Wenn wir mit Kindern umgehen, erfahren wir schnell, dass die Kindheit keineswegs immer unbeschwert, heil und schön ist. Vielmehr haben Kinder ihre ganz eigenen Ängste und Probleme, die manchmal ganz anders sind als die der Erwachsenen, die aber von den Kindern ebenso intensiv erlebt werden.

Eltern sind verunsichert

Eltern wollen ihre Kinder schützen; oft fragen sie sich, ob sie an den kindlichen Ängsten schuld sind.

Wenn wir den Hintergründen der kindlichen Ängste auf den Grund kommen wollen, spüren wir bald, dass die Ursachen so vielfältig sind wie das Wesen der Kinder und die Erscheinungsformen der Angst. Und so verunsichern die Ängste der Kinder Eltern und Erzieher und machen sie oft ratlos. Denn wir Erwachsene überlegen, ob nicht wir an diesen Ängsten schuld sind und etwas falsch gemacht haben. Und wir denken über Möglichkeiten nach, wie wir Kindern bei der Bewältigung ihrer Ängste helfen und sie unterstützen können.

Angst gehört zum Leben

Angst gehört zum Wesen des Menschen und begleitet ihn während seines ganzen Lebens. Angst ist wichtig für das Überleben und gleichzeitig wächst der Mensch an der Überwindung seiner Ängste. Kinder werden im Laufe ihrer Entwicklung von vielen verschiedenen Ängsten geplagt – manche weniger, manche mehr. Fast alle Kinder kennen und erleben Trennungsängste, manche fürchten sich vor Gewittern, andere vor der Dunkelheit, die einen haben Scheu vor einer ärztlichen Untersuchung, die anderen vor schrecklichen Ungeheuern.

Wenn wir Kinder mit ihren bedrückenden Gedanken und Ängsten allein lassen, können diese übermächtig und bedrohlich werden. Eine wichtige Aufgabe von Eltern und Erziehern ist es deshalb, Kinder in ihren Ängsten einfühlsam zu verstehen und sie bei der Überwindung von Ängsten zu unterstützen. Wenn Kinder mit ihren Ängsten, Sorgen und Nöten nicht allein gelassen werden, sondern Schutz, Verständnis und Geborgenheit erfahren, fällt es ihnen leichter, diese Ängste zu überwinden.

Die Auseinandersetzung mit Ängsten gehört zu den wichtigsten Erfahrungen eines Kindes.

Kinder stark machen im Umgang mit der Angst

Kinder brauchen Eltern, die ihnen bei der Bewältigung ihrer Ängste hilfreich zur Seite stehen und sie mit ihren Sorgen und Nöten nicht allein lassen.

Kinder haben Kräfte in sich, um mit verunsichernden, ängstigenden Erlebnissen fertig zu werden. Ihre ganz eigene Art und Weise damit umzugehen, ist für Erwachsene nicht immer durchschau- und nachvollziehbar und kann, abhängig vom Alter und Wesen eines Kindes, individuell sehr unterschiedlich sein. Eltern und Erzieher sollten sich deshalb bemühen, die dem Kind eigene, oft symbolhafte Weise der Verarbeitung zu erkennen und zu unterstützen. Dies erfordert Sensibilität und Offenheit für die besondere Erlebniswelt des Kindes. Niemand kann Kindern ihre Ängste ersparen. Doch wir können es ihnen ermöglichen, frühzeitig zu erfahren, dass sie ihre ängstlichen Gefühle überwinden und besiegen können. Wir können ihnen helfen, Mut und Zuversicht zu entwickeln, damit sie es wagen können, etwas auszuprobieren und sich auf neue, ungewohnte Situationen einzulassen. Sie lernen dabei, die eigenen Fähigkeiten und Möglichkeiten realistisch einzuschätzen, und machen die wertvolle Erfahrung, mit Mut und Entschlossenheit schwierige Situationen bewältigen zu können.

Kinder, die in diesem Sinne Vertrauen und Selbstvertrauen entwickeln konnten, müssen später seltener gegen lähmende Gefühle der Angst ankämpfen, weil sie sich weniger hilflos und schwach fühlen.

Zum Umgang mit diesem Buch

Wer Ängste bewältigen will, muss über die vielfältigen Aspekte der Angst Bescheid wissen. Daher erhalten Sie in Kapitel 1 zunächst grundlegende Informationen darüber, was Angst ist, welche Ursachen und Erscheinungsformen es gibt und wie sich Angst auf das kindliche Verhalten auswirkt. Sie erfahren, welche Rolle die individuelle Veranlagung spielt und wie sich das Erziehungsverhalten auf die Angstbereitschaft auswirken kann. Diese Informationen sind notwendig, um typische Mechanismen zu durchschauen und zu verstehen und einfühlsam auf ängstliche Kinder eingehen zu können.

In Kapitel 2 werden wichtige Strategien der Angstbewältigung beschrieben. Hier finden Sie viele Anregungen, wie Sie auf kindliche Angst reagieren und konstruktiv und einfühlsam mit ihr umgehen können. Sie erhalten Vorschläge, wie Sie sich in Angstsituationen verhalten können. Gespräche und Spiele sind dabei das wichtigste Hilfsmittel, denn spielerische Aktionen sind für Kinder das bedeutendste Instrument, sich auszudrücken und den Umgang mit ihren Ängsten in kreativer und konstruktiver Weise zu erproben. Auf diese Weise lernen sie, aus alten Handlungsmustern auszubrechen und neue Lösungen zu finden.

Dieses Buch will kleinen Angsthasen helfen, ihre Ängste in Wort und Spiel auszudrücken. Hierfür erhalten Eltern und Erzieher praktische Anregungen in Form von Spielen, Geschichten, Gesprächen usw.

Zu den wichtigsten und effektivsten Hilfen der Angstbewältigung gehört das Rollen- und Figurenspiel. Ihm wird in diesem Buch viel Raum gewidmet. „Magische" Helfer, Rollenspiele, Selbsterfahrungsspiele und Gesprächsanregungen bieten die Möglichkeit, Sicherheit, Selbstbewusstsein und Selbstvertrauen zu entwickeln, um so besser gegen Ängste gewappnet zu sein. Entspannungsübungen können immer wieder gezielt eingesetzt werden, um Ängste abzubauen und zur Ruhe zu finden.

Nicht zuletzt stellt auch eine religiöse Grundeinstellung eine sehr hilfreiche Möglichkeit dar, Kindern ein Gefühl von Geborgenheit und Sicherheit zu vermitteln, das im Umgang und bei der Bewältigung von Ängsten eine entscheidende Rolle spielen kann. Auch regelmäßig wiederkehrende Rituale bieten Kindern einen wichtigen Halt in den Unsicherheiten ihres täglichen Lebens. Nicht zuletzt hilft das bewusste Schaffen und Erleben von gruseligen Situationen, das Kind im Umgang mit Angst zu stärken.

In Kapitel 3 werden typische Kinderängste behandelt, die auch entwicklungsbedingt sind und bei den meisten Kindern in irgendeiner Form auftreten. In der Einführung zum jeweiligen Thema erhalten Sie Informationen über Ursachen und Auswirkungen spezifischer Ängste, denn erste Anzeichen der Angst kommen für Eltern und Erzieher nicht selten unvermittelt und überraschend: Das Kind verhält sich anders als sonst, es will plötzlich nicht mehr in den Kindergarten gehen, es drückt sich angstvoll an die Mutter oder wird nachts von Albträumen geplagt …

Anschließend werden jeweils praktische Ideen zur Bewältigung dieser typischen Ängste vorgestellt. In einem ersten Schritt *„Der Angst auf der Spur – ich zeige meine Angst"* werden Möglichkeiten aufgezeigt, mit Kindern über die Angst ins Gespräch zu kommen, damit sie ihre Ängste nicht nur wahrnehmen, sondern auch ausdrücken können. Angst bewusst zu erleben und zu thematisieren ist eine wichtige Voraussetzung, um damit umgehen und sie bewältigen zu können. Die Fähigkeit, ihre Ängste zu artikulieren, ist für kleine Kinder natürlich noch sehr eingeschränkt, daher muss es hier in erster Linie darum gehen, Kindern die Möglichkeit zu geben, spielerisch Vertrauen zu entwickeln und sich ausdrücken zu lernen. In einem zweiten Schritt *„Ich besiege meine Angst"* werden weitere Spielanregungen vorgestellt, mit Hilfe derer Kinder ihre Ängste überwinden können. So soll dieses Buch Kindern und ihren Betreuungspersonen vielfältige Anregungen dafür geben, Ängste wahrzunehmen, zu verstehen und zu überwinden.

Die praktischen Anregungen sind nach typischen angstbesetzten Situationen und Themen gegliedert (s. a. Register). So finden Sie schnell Hilfe, wenn ein Kind in einer bestimmten Situation Angst hat.

Was ist Angst?

Angst entsteht infolge innerer Erregung und bewirkt starke körperliche und psychische Reaktionen, die schützen, aber auch lähmen können.

Wie sich Angst auswirkt

Angst ist ein innerer Spannungszustand, der durch eine tatsächliche oder vermeintliche Gefahr ausgelöst wird. Jeder kennt das unangenehme Gefühl der Angst und doch ist Angst ein sehr subjektives Erleben, das jeder anders und immer wieder neu und verändert erfährt. Besteht eine reale Bedrohung, ist Angst ein sinnvolles Warnsignal und bewirkt eine Schutzreaktion. Denken wir nur an den Flucht- oder Erstarrungsreflex, der uns vor gefährlichen Situationen fliehen lässt oder verhindert, dass wir uns in riskante Situationen begeben. Diese Reaktion ist Folge der Ausschüttung bestimmter Hormone. Dadurch werden die körperlichen Kraftreserven mobilisiert und eine gespannte Aufmerksamkeit bewirkt, damit die Gefahrensituation erfolgreich bewältigt werden kann.

Doch Angst kann auch lähmen. Schweißausbrüche, kalte Hände, Zittern, Erröten oder Blässe, Verdauungsprobleme, Atemnot, Herzrasen usw. sind Empfindungen und körperliche Reaktionen, die durch Angstzustände ausgelöst werden und wenig hilfreich für die Angstbewältigung sind. Dies kommt auch in typischen Redewendungen zum Ausdruck, z. B. „Meine Kehle war wie zugeschnürt" oder „Ich war starr vor Schreck".

Angst ist nicht nur ein subjektives Empfinden, sondern hat körperliche Reaktionen zur Folge; im Laufe der Zeit kann übersteigerte Angst zu Verhaltensauffälligkeiten führen.

Folgen der Angst

Empfindet ein Mensch in keiner Situation Angst, so ist das keineswegs von Vorteil. Denn zu wenig Erregung alarmiert nicht und führt dazu, gefährliche Situationen falsch einzuschätzen und erhöhte Risiken einzugehen. Zu viel Angst jedoch kann leicht in Panik umschlagen, die Handlungsfähigkeit blockieren und den Verhaltensspielraum einengen: Wer beispielsweise Angst vor Menschen hat, kapselt sich zu Hause ab. Wer Angst hat zu versagen, geht neuen Erfahrungen und Herausforderungen aus dem Weg. Ein kontaktscheues Kind meidet andere Kinder und kann keine soziale Kompetenz entwickeln. Ein Kind mit Trennungsangst kann nur schwer Selbstständigkeit und Unabhängigkeit entwickeln.

Bei Kindern führen andauernde Ängste oft zu Rückschritten in ihrer Entwicklung wie Anklammern, unsicheres Verhalten und Schlafstörungen, Vermeidungsverhalten, Aggressivität, Sprachstörungen und Bettnässen. Auch körperliche Symptome, wie Bauchschmerzen, Erbrechen usw., treten häufig auf.

Formen und Ursachen der Angst

Angst äußert sich individuell verschieden und kann unterschiedliche Ausprägungsgrade annehmen. Oft wird zwischen Angst und Furcht unterschieden. Dabei stellen Furcht oder Erschrecken eine Warnung vor einer tatsächlichen Gefahr dar, während Angst eine übersteigerte Reaktion bezeichnet, die nicht von einer realen Bedrohung ausgeht. Daneben gibt es noch die Phobien. Damit werden übersteigerte, dauerhafte Reaktionen auf Gegenstände oder Situationen, die vom Betroffenen selbst als unbegründet erkannt werden, bezeichnet, z. B. eine Spinnen- oder Höhenphobie.

In der Regel jedoch sind Ängste ein normales, seelisches Phänomen, von dem wir verschiedene Formen kennen, z. B.:
* *Existenzängste*, also Ängste, die Grundlagen unseres Daseins betreffen. Hierzu zählen die Angst vor dem Verlust eines geliebten Menschen, die Angst vor Krankheit und Tod, vor Krieg und Arbeitslosigkeit, vor Umweltzerstörung usw.

- *Soziale Ängste*, also Ängste, die im sozialen Zusammenleben entstehen. Hierzu zählen die Angst vor eigenen, vielleicht negativ besetzten Gefühlen wie Wut und Aggression, die Angst, nicht geliebt und abgelehnt zu werden, die Angst, Anforderungen nicht gerecht zu werden, sich nicht durchsetzen zu können usw.
- *Ängste vor konkreten Objekten und Situationen*: Wir kennen die Angst vor Hunden, Spinnen und Mäusen, vor Brücken und Fahrstühlen, vor Menschenansammlungen und Flugzeugen, vor Dunkelheit oder Gewitter usw.

Die Frage nach den Ursachen der Ängste lässt sich in drei Bereiche gliedern:
- entwicklungsbedingte Ängste,
- die Veranlagung zur Angstbereitschaft,
- gelernte oder anerzogene,
  also durch Erziehung entstandene
  Ängste.

Warum hat der Mensch Angst? Warum hat jeder vor etwas anderem Angst? Warum empfindet der eine mehr, der andere weniger Angst?

Entwicklungsbedingte Ängste

Entwicklungsbedingte Ängste begleiten meist Phasen des Umbruchs und der Veränderung; es wird nötig, sich von etwas Altem, Vertrautem zu lösen und sich an Neues, Fremdes zu wagen, z. B. der Kindergarteneintritt, der Schulanfang, die Pubertät.

Es gibt Ängste, die fast untrennbar zu einem bestimmten Alter und einer bestimmten Entwicklungsphase gehören; sie werden von fast allen Menschen mehr oder weniger intensiv durchlebt. Mit etwa einem Jahr, wenn das Kind zu laufen beginnt und seine Welt erobert, erlebt es sich als Mittelpunkt der Welt. Es erfährt, dass es etwas bewirken kann: Wenn es auf den Schalter drückt, geht das Licht an, wenn es auf den Knopf drückt, spricht der Mensch im Radio. Zu Beginn der so genannten „magischen Phase" erlebt sich das Kind als sehr mächtig. Kommt es nun in Situationen, auf die es keinen Einfluss hat, können Ängste entstehen, z. B. Angst vor Dunkelheit, Gewitter, Tieren, Wind, sich schnell bewegenden Gegenständen.
Im zweiten bis dritten Lebensjahr kann verstärkt eine Angst vor Tieren beobachtet werden, während sich Kinder mit vier oder fünf Jahren vor Dunkelheit, Einbrechern, Tod, Unfall oder Feuer ängstigen. Manche dieser Ängste, die durch unvertraute Dinge oder Situationen ausgelöst werden, verschwinden oft von allein wieder, wenn das Kind die Entwicklungsstufe durchlaufen hat oder wenn es sich an das Angst auslösende Objekt oder die Situation gewöhnen konnte. In dem Maß, wie das Unbekannte vertraut wird, entsteht eine neue Sicherheit.

Das Zuwendungs- und Schutzbedürfnis

Jedes Kind erlebt entwicklungsbedingte Ängste, die durch alterstypische Erfahrungen ausgelöst werden. Mit diesen Ängsten dürfen Kinder nicht allein gelassen werden. Doch leider wird das Zuwendungs- und Schutzbedürfnis von Kindern oft unterschätzt. Wenn Kinder in kurzer Zeit einen großen körperlichen Entwicklungsschritt machen, wirken sie oft selbstständiger und eigenständiger, als sie in Wirklichkeit sind. Eltern dürfen in dieser Zeit ihren Beistand und ihre Fürsorge nicht zurücknehmen, denn die seelische Entwicklung hält nicht immer mit der körperlichen Schritt. Das Kind stößt gerade in dieser Zeit häufig an seine Grenzen und erlebt immer wieder seine eigene Ohnmacht. Es hat deshalb Zuwendung und Unterstützung – die Nähe der Bezugsperson – besonders nötig, sonst können sich übergroße Ängste entwickeln.

Angst entsteht, wenn eine Gefahr größer und mächtiger erscheint als der vorhandene Schutz. Deshalb brauchen Kinder starke und zuverlässige Eltern, auf deren Unterstützung und Zuwendung sie sich jederzeit verlassen können.

Die Rolle der Vererbung

Experten gehen heute davon aus, dass durch Erbanlagen vorgegeben wird, wie mutig oder ängstlich ein Kind ist. Die Fähigkeit, sich an neue Reize zu gewöhnen, die gefühlsmäßige Erregbarkeit und die Reaktionen des Nervensystems ist demnach bis zu einem gewissen Grad angeboren. Es besteht eine angeborene Veranlagung zur Angstbereitschaft. Ob jemand also „durch nichts aus der Ruhe zu bringen" ist oder schnell „weiche Knie" bekommt, hat mit seinen anlagebedingten Wesenszügen zu tun. Die Wesensart und die persönlichen Eigenarten eines Kindes sollten von Erwachsenen deshalb respektiert werden. Vorsichtige Kinder benötigen mehr Geduld, behutsame Unterstützung und verständnisvolle Ermutigung und dürfen nicht mit mutigeren, selbstsichereren Gleichaltrigen verglichen werden. Allerdings können auch ängstliche Kinder lernen, mit Unsicherheiten umzugehen. Auch hier gilt es, auf das individuelle Zuwendungs- und Schutzbedürfnis des Kindes zu achten und es sensibel an einen konstruktiven Umgang mit Ängsten heranzuführen.

Die Angstbereitschaft von Menschen kann unterschiedlich ausgeprägt sein – das liegt schon in den Genen.

Zum Angsthasen erzogen?

Ein Stück weit ist Angstbereitschaft angeboren. Doch daneben haben Lernerfahrungen sowie das Umfeld und das Verhalten der Bezugspersonen einen großen Einfluss auf die Ausprägung von Ängsten.

Die Konditionierung
Manche Angst lässt sich durch einen Lernvorgang erklären. Hierzu gab es zahlreiche psychologische Experimente, in denen bewusst Angst erzeugt wurde.
Ein Kind, das beispielsweise völlig angstfrei mit einer Ratte spielte, wurde mehrmals durch ein lautes Geräusch erschreckt. Die angeborene Angstreaktion auf das laute Geräusch wurde von dem Kind nach einiger Zeit auf die Ratte und später sogar auf alle pelzartigen Tiere übertragen. Dabei spricht man von Konditionierung. Ähnliche Situationen kennen viele Eltern aus dem Alltag, z. B. wenn ein Kind, das bisher keine Angst vor Hunden hatte, einmal von einem laut bellenden Hund erschreckt wurde und nun immer panisch auf alle Hunde reagiert.

Verstärkung und Zuwendung
Angstreaktionen können auch durch Verstärkung gelernt werden. In diesem Fall wird durch die Angstreaktionen Aufmerksamkeit erregt und verstärkte Zuwendung erreicht. So kann z. B. ein Kind, das nachts von einem heftigen Gewitter erschreckt wurde, den Trost und die Zuwendung im elterlichen Bett so sehr genießen, dass es seine Angst immer wieder äußert und schließlich erreicht, jede Nacht im elterlichen Bett zu verbringen.

Lernen am Modell
Kinder lernen durch Beobachtung und Nachahmung. Aus diesem Grund kommt dem Vorbildverhalten der Bezugspersonen eine bedeutende Rolle zu. Überängstliche Bezugspersonen können Angst auslösen und verstärken, weil Angst ansteckt. Eine Bezugsperson, die selbst Sicherheit ausstrahlt, gibt Kraft. Man spricht in diesem Zusammenhang vom Lernen am Modell. Je häufiger Bezugspersonen selbst ängstlich reagieren, desto wahrscheinlicher wird sich beim Kind eine allgemeine Ängstlichkeit entwickeln.

Die Atmosphäre in der Familie

Der Erziehungsstil und die Atmosphäre in der Familie können Ängste verstärken. Ständige Überforderung, Schimpfen, Kritik, Drohungen, harte Strafen und mangelnde Zuwendung verunsichern Kinder zutiefst und können genauso zu Angst führen, wie völlige Führungs- und Orientierungslosigkeit oder extreme Überbehütung, die zu einem eingeschränkten Erfahrungsspielraum und damit zu Angst führt. Besonders angstauslösend wirken einschneidende Veränderungen in der Familie wie Krankheit, Tod oder Trennung. Auch Fernsehsendungen, die nicht altersgerecht sind, können Kinder stark verunsichern.

Angst – Motor oder Stolperstein in der kindlichen Entwicklung?

Ängste sind ein zum Dasein des Menschen gehörendes Grunderleben. Wer nie Angst hat, ist in vielen Situationen gefährdet. Andererseits können Ängste übermächtig und damit krankhaft werden. Krankhaft ist eine Angst dann, wenn sie in ihrer Intensität und ihrem Umfang weit über das hinausgeht, was andere Menschen des gleichen Kulturkreises erleben, oder wenn keine förderlichen Bewältigungsmechanismen gefunden werden.

Entwicklungsbedingte Ängste stellen immer einen Reifungsprozess dar. Wenn konstruktiv damit umgegangen wird, wächst das Kind am Umgang mit dieser Angst. Wird der Angst allerdings ausgewichen, führt das zu späteren Verhaltensauffälligkeiten. Es geht daher immer auch darum, Kindern die Erfahrung der reifungsfördernden Wirkung von Ängsten zu ermöglichen. Sobald Sie jedoch den Eindruck haben, dass Ihr Kind mit seiner Angst nicht mehr fertig wird und sie seine Entwicklung gefährdet, sollten Sie unbedingt die kompetente Hilfe eines Arztes oder Therapeuten in Anspruch nehmen.

Es gibt kein allgemein gültiges Rezept für den Umgang mit einem verängstigten Kind. Es gilt immer die individuelle Vorgeschichte, die Persönlichkeitsmerkmale und die spezielle Situation zu berücksichtigen.

Ängste kann man überwinden! – Praktische Ideen zur Angstbewältigung

Kinder wachsen an ihren Ängsten – wenn sie konstruktiv durchlebt werden. Dabei helfen z. B. Gespräche, Geschichten und Spiele.

Strategien der Angstbewältigung

Kinder werden immer wieder von Ängsten heimgesucht. Dabei brauchen sie Eltern, die ihnen verständnisvoll zur Seite stehen und ihnen Möglichkeiten aufzeigen, ihre Ängste anzunehmen, sie zu formulieren und damit umzugehen. Keinesfalls sollte man das Kind einfach mit vernünftigen Argumenten zu beruhigen versuchen. Verständnislose Aussagen wie: „Da brauchst du wirklich keine Angst zu haben!", helfen einem Kind ebenso wenig wie ein: „Stell dich nicht so an!", das vom Kind durchaus als Drohung und Druck erlebt werden kann. Es ist auch keineswegs sinnvoll, Kindern alle Steine – und Ängste – aus dem Weg zu räumen. Denn dadurch werden sie der Möglichkeit beraubt, durch Angstbewältigung zu wachsen. Auch Verdrängung und Vermeidungsverhalten führen nicht weiter. Wenn Kinder (und Erwachsene) Angst vor einer bestimmten Situation haben, fühlen sie sich zwar zunächst erleichtert, wenn sie eine Möglichkeit haben, dieser Situation auszuweichen. Auf Dauer werden sie aber immer wieder mit dieser Situation konfrontiert werden. Solange die Angst nicht bewältigt, sondern nur verdrängt ist, wird sie – und die „Angst vor der Angst" – bedrohlicher und ein Überwinden der Angst wird schwerer. Es gilt also, Kindern Erfolgserlebnisse im Umgang mit der Angst zu vermitteln. Denn: Überwundene Angst macht stark!

Sich der Angst stellen – das ist die einzige Möglichkeit, sie zu überwinden!

Was Kindern hilft

Gehen Sie auf das Kind ein und versuchen Sie, seine Ängste zu ergründen.

Wir können einem ängstlichen Kind besser helfen, wenn wir versuchen, die Herkunft seiner Angst zu verstehen. Viele Ängste lassen sich nicht allein aus der Situation heraus begreifen. Es ist deshalb oft notwendig, die Vorgeschichte eines Kindes und z. B. die Besonderheiten seiner Beziehung zu seinen Hauptbezugspersonen zu kennen. Doch auch wenn wir die Ursachen der Ängste nicht erkennen können, gibt es Möglichkeiten, die Kompetenz des ängstlichen Kindes, selbst Lösungsmöglichkeiten zu finden, zu stärken.

Fragen wie: „Was könnten wir jetzt wohl tun?", oder: „Was würde dir vielleicht helfen?", setzen Impulse und regen Kinder zu eigenem fantasievollem Umgang mit Ängsten an.

Ermuntern Sie das Kind, seine Ängste im Spiel umzusetzen.

Wenn wir Kindern ausreichend Zeit lassen und nicht vorschnell eingreifen, gelingt es ihnen nicht selten, selbst Handlungsstrategien zu entwickeln, mit denen sie ihre Angst schließlich selbst überwinden können und gestärkt aus Angstphasen hervorgehen. Meist überwinden Kinder ihre Ängste im Spiel, insbesondere im Rollen- oder Puppenspiel. Oft sind auch Märchen hilfreich. Viele Kinder entwickeln ihrem Alter und ihrem Entwicklungsstand entsprechend „magische" Praktiken, die ihnen helfen, angstbesetzte Situationen durchzustehen. Zu den magischen Praktiken gehört es z. B. in einer Furcht erregenden Situation, etwa bei Dunkelheit, zu singen oder sich in ein Tuch von Mama zu kuscheln.

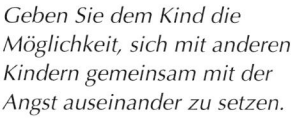

Geben Sie dem Kind die Möglichkeit, sich mit anderen Kindern gemeinsam mit der Angst auseinander zu setzen.

Für Kinder ist es hilfreich, wenn gleichaltrige Kinder in das Angstproblem einbezogen werden. In gemeinsamen Rollen- und Figurenspielen, beim gemeinsamen Malen und Gestalten, beim Geschichtenerzählen ergeben sich unzählige Möglichkeiten, Angstgefühle und Angsterfahrungen aufzuarbeiten. Das Kind kann seine Erlebniswelt spielerisch zum Ausdruck bringen, sie real darstellen und damit seine Ängste und Fantasien an greifbaren Objekten festmachen. Hier liegt eine besondere Chance der Arbeit in Kindergärten und Kindergruppen, Hilfe und Unterstützung für ängstliche Kinder zu bieten.

Das Rollenspiel und das interaktive Figuren- oder Puppenspiel

Angst entsteht häufig durch das Fehlen von Handlungsstrategien im Umgang mit schwierigen Situationen. Weil Kinder nicht wissen, wie sie mit problematischen Situationen umgehen sollen, ängstigen sie sich. Hier bietet das Rollen- und Puppenspiel wertvolle Möglichkeiten. Denn in diesem Spiel können „gefahrlos" angstbesetzte Situationen geschaffen, vorbereitet und strukturiert werden, die Kindern helfen, sich ihren Ängsten zu stellen und mit ihnen umzugehen. Die Kinder können ausprobieren, wie es ist, stark, groß, mächtig und unerschrocken oder klein, hilflos und ängstlich zu sein. Sie können sich gegen ängstigende Figuren und Begebenheiten wehren. Sie können sich gegenseitig unterstützen und retten oder sich selbst helfen lassen. Dabei kann das Kind selbst in andere Rollen schlüpfen oder diese Rollen mit Puppen oder anderen Figuren spielen.

Das Rollen- und Puppenspiel umfasst das freie Spiel mit den verschiedensten Figuren wie Schmusepuppe, Babypuppe, Kasperfiguren und Handpuppen, Marionetten, Stabpuppen, Fingerpuppen, Sockenpuppen, Holz- und Plastikfiguren und -tieren, Lego- oder Playmobilfiguren. Durch diese unterschiedlichen Figuren und Puppen wird ein freies Spiel des Kindes möglich. Es füllt diese Figuren und Puppen mit Leben und drückt sich im Spiel mit diesen Figuren aus. Besonders im Spiel mit Figuren und Puppen kann das Kind auch Dinge ausleben und sagen, die es sich sonst oft nicht auszudrücken traut, oder die es nicht ausdrücken kann, weil sie im Unbewussten verborgen liegen.

Im Rollenspiel wird es Kindern möglich, ihre Welt zu verändern, Problemlösungen zu finden und spielerisch auszuprobieren, und dadurch Strategien gegen die Angst zu entwickeln.

Unbewusstes wird ausgelebt

Gerade im Kindergartenalter durchlebt das Kind häufig wütende und es selbst ängstigende Gefühle gegenüber den Eltern und anderen Bezugspersonen. Die Figuren nehmen positive und negative Gefühle an; dadurch wird es möglich, indirekt Verletzungen, Enttäuschungen, Wut und Angst genauso auszuleben wie angenehme Gefühle. Puppen und Figuren sprechen das Unbewusste im Kind an und ermöglichen ihm, „Verborgenes" an die Oberfläche zu holen und im Spiel zum Ausdruck zu bringen. Gestaltlose und namenlose Ängste können auf fantasievolle Weise geäußert, im wahrsten Sinne des Wortes „nach außen" gebracht werden. Auf diese Weise bildet sich das seelische Gleichgewicht wieder.

Im Rollenspiel groß und mächtig werden

Viele Kinder – vor allem Jungen – sind fasziniert von Waffen und Schreckensfiguren. Eltern sind oft besorgt oder gar entsetzt. Was steckt hinter dieser magischen Anziehungskraft?

Der vierjährige Tim ist begeistert von der Größe und Stärke der Dinosaurier. Vom Vorlesen und dem Anschauen von Büchern weiß er alles über ihre Gefährlichkeit und Stärke und er weiß auch, dass sie längst ausgestorben sind. Unzählige Dinobilder schmücken sein Zimmer. Ritter und Piraten finden sich täglich in seinem Spiel wieder. Schwerter und Waffen aller Art üben eine große Faszination auf ihn aus. Aus Mangel an Spielobjekten stellt er selbst Schwerter und Waffen aus Pappe und Bausteinen her und funktioniert Tortenspritzen und Rasensprinkler einfach um. Vulkane interessieren ihn brennend. Eltern und Erzieher begegnen seiner Begeisterung mit gemischten Gefühlen. Es stellt sich die Frage, wodurch diese Begeisterung ausgelöst wird. Wozu braucht Tim diese Fantasiegestalten und den ständigen Waffeneinsatz?

Allen diesen Identifikationsgestalten und Objekten sind Überlegenheit und Stärke sowie die Macht, über andere zu bestimmen und sie
zu beherrschen, gemeinsam. Alle repräsentieren die Angst vor nicht
beeinflussbarer Gewalt, vor Naturerscheinungen, Tod und Krieg. Sie
machen es aber gleichzeitig möglich, sich damit auseinander zu setzen, sich spielend, malend und bastelnd damit zu beschäftigen.
Die gewaltigen Figuren und Naturerscheinungen lösen Angst aus,
die aber im Spiel bearbeitet werden kann. Durch das Wissen um die
Zusammenhänge und die spielerische Auseinandersetzung damit
wird die Angst vor Bedrohlichem und Unbekanntem auf die Objekte
projiziert; damit wird sie kleiner und kann sogar in Schutz- und
Sicherheitsgefühle umgewandelt werden. Die mächtigen Dinos auf
den Bildern, die im Zimmer aufgehängt werden, die starken Spielfiguren, die Tim ums Bett herum aufgestellt hat, können nicht besiegt
werden und „beschützen" Tim vor vielen imaginären Feinden und
der damit verbundenen Angst vor der Dunkelheit. Es wäre also kurz-
sichtig, Tim von seinen „Schreckensfiguren" abzubringen. Ihre Faszination liegt darin begründet, dass sie den ängstlichen Teil seiner
Persönlichkeit stärken und ihm Schutz bieten. Er identifiziert sich
mit ihrer Stärke und Macht und verlegt seine Angst auf Figuren der
Vergangenheit, die es heute nicht mehr gibt.

Aggression als Spannungsabfuhr

Die aggressiven Spiele ermöglichen es dem Kind, sich einerseits mit Angst vor Gewalt und Tod und andererseits mit der Möglichkeit, stark und überlegen zu sein, auseinander zu setzen.

Schreckensfiguren machen nicht zusätzlich Angst, sondern ihre Faszination und das Spiel damit dienen der Angstbewältigung. Kinder, aber auch Erwachsene, versuchen Angst oft dadurch zu bewältigen, dass sie die Angst an bestimmten Dingen festmachen, um mit diesen dann aktiv handelnd umgehen zu können. Das kindliche Spiel um Überlegenheit und die demonstrative Ausübung von Macht, Gewalt, Stärke und Sieg hat häufig mit durchlebten Unterlegenheitsgefühlen, mit Gefühlen der Schwäche und Ohnmacht zu tun. Wenn Kinder sich zu wenig beachtet oder unverstanden fühlen, wenn Streitigkeiten von Erwachsenen auf ihrem Rücken ausgetragen werden, wenn sie sich abgeschoben fühlen, ist Aggression sehr häufig eine Folge der Angst. Die aggressiven Spiele dienen dem Kind in diesen Phasen der Spannungsabfuhr. Sie können Ausdruck subjektiv erlebter Ohnmacht sein. Sind sie nicht möglich, weil Waffen, Kriegsspielzeug und Monster verboten werden, spürt ein Kind eine weitere Ohnmacht und weicht vielleicht in Heimlichkeiten aus. Oder es reagiert mit Flucht und Rückzug in sich selbst oder neigt gar zu Autoaggression. Bevor wir also aggressive Spiele ablehnen und das Spiel mit Waffen kategorisch verbieten, sollten wir überlegen, ob sie für das Kind nur Anreiz zu aggressiven Handlungen bieten oder als Identifikationsfiguren dienen, die Verarbeitungs- und Beschützerfunktionen haben und für das Kind notwendig sind.

Vor diesem Hintergrund ist auch das folgende Beispiel zu bewerten:

*Markus gebärdet sich wie ein wilder Krieger, in der einen Hand
sein Holzschwert, in der anderen Hand ein Schild und auf dem Kopf
einen Ritterhelm. Er probiert die unterschiedlichsten Bewegungen
und Drohgebärden aus. Markus spielt ein für ihn sehr wichtiges
Spiel:
Er spielt, dass er groß und stark, mutig und überlegen ist. Mit dem
Schwert fühlt er sich so, wie er sich fühlen möchte – ohne das
Schwert ist er oft der Kleine: der kleine Bruder, der Kleinste in der
Gruppe, der Kleinste unter den Nachbarskindern. Sein Freund Stefan,
bewaffnet mit einem Stock, kommt dazu und die beiden kämpfen
miteinander. Sie kämpfen tatsächlich miteinander und nicht gegen-
einander. Sie kämpfen nicht mit der Absicht, einander wehzutun.*

Wenn wir versuchen, uns in das Spiel der beiden einzufühlen,
können wir eindeutig feststellen, dass es sich nicht um ein wirklich
aggressives Spiel handelt, wie der erste Eindruck vermittelt, sondern
dass es darum geht, sich groß und stark, mutig und unbesiegbar
zu fühlen.

Im Rollen- und Figurenspiel werden Handlungsstrategien entwickelt

In Kapitel 3 finden Sie viele Rollenspiele zu verschiedenen Angstsituationen.

Das Rollen- und Figurenspiel macht es möglich, sich in der Fantasie mit Leben und Tod, Bedrohung, Gewalt, Kampf, alltäglichen Konflikten und Angst auseinander zu setzen, und sie im entstehenden Weltbild einzuordnen. Mit Hilfe seiner Vorstellungskraft kann das Kind spielerisch Handlungsstrategien entwickeln.

Wie beim Rollenspiel, in dem Kinder in die Rolle schlüpfen, die ihrer persönlichen Lage entspricht, werden auch die Spielfiguren und Puppen mit diesen Rollen belebt. Anders als beim Rollenspiel können diese Rollen aber auf die Spielfiguren übertragen werden. Dadurch wird dem Kind eine gewisse Distanz möglich, die es ihm erlaubt, auch sehr belastende und Angst auslösende Erfahrungen auszuspielen.

Zur Durchführung der Rollenspiele

Das Figuren- und Puppenspiel kann wichtige Einblicke geben in die Realität eines Kindes: Was beunruhigt das Kind? Womit beschäftigt es sich? Was macht ihm Angst?

Damit das Spiel effektiv ist, sollten einige Punkte beachtet werden:

• Wenn Erwachsene in das Spiel einbezogen werden, sollten sie darauf achten, nicht die Spielführung zu übernehmen, sondern sich von den Kindern inspirieren lassen.

• Es sollten möglichst viele Spielfiguren zur Verfügung stehen, die unterschiedliche Rollen ermöglichen, also Figuren, die männliche und weibliche Elemente, gute und böse, Angst erregende und Schutz bietende Bedeutung erhalten können. So können Kinder die Spielfiguren wählen, die ihren Bedürfnissen entsprechen. Dabei sollten Puppen mit eindeutigen Zuweisungen, wie die fürsorgliche Großmutter oder die böse Hexe oder der schreckliche Räuber oder Zauberer, ebenso zu finden sein wie Figuren, die neutral gestaltet sind und für alle Rollen geeignet sind. Neutrale Figuren (ohne Gesichtsausdruck) können flexibel eingesetzt werden und legen das Kind in seinem Spiel nicht fest.

• Die Spielfiguren sollten stabil sein und eine leichte Handhabung ermöglichen, damit auch jüngere oder behinderte Kinder damit hantieren und spielen können.

- Die Figuren sollten einen festen Platz haben, der für Kinder frei zugänglich ist und genügend Raum für das Spiel bietet. Kinder benötigen für das Spiel nicht unbedingt eine Kulisse. Sie sollten aber die Möglichkeit haben, ihre Spielumgebung frei zu wählen und zu gestalten.
- Das Spiel sollte nicht moralisch gewertet werden, um Kinder im freien Ausdruck ihrer Gefühle nicht einzuschränken.

Der Angsthase Floh – eine wichtige Identifikationsfigur

Mit dem Angsthasen Floh finden Sie bei vielen Spielanregungen in diesem Buch eine Identifikationsfigur für die Kinder, mit der Sie den Einstieg zu Rollen- und Figurenspielen finden können. Floh erlebt angstbesetzte Situationen und kann Kinder durch verschiedene Ängste begleiten. Wenn Sie häufig mit ihm spielen, wirkt er auf die Kinder vertraut – sie wissen gleich, dass Floh etwas erlebt hat, was ihm Angst macht. Er braucht die Hilfe der Kinder. Sie können mit Floh die verschiedensten Situationen inszenieren. Der Angsthase wendet sich direkt an die Kinder, er bittet sie um Rat und Hilfe, greift ihre Vorschläge auf und probiert sie aus. Manche Lösungsvorschläge der Kinder helfen Floh, mit seinen Ängsten zurechtzukommen, andere Vorschläge funktionieren nicht. Deshalb sucht Floh immer wieder nach alternativen Möglichkeiten und versucht sie in die Tat umzusetzen. Nach einem initiierten Spiel können die Kinder mit Floh weiterspielen und ihre eigenen Erfahrungen spielerisch umsetzen, während Sie sich aus dem Spiel zurückziehen und zusehen.

Die interaktiven Rollen- und Figurenspielszenen mit Floh, dem Angsthasen, sollen als Anregung verstanden werden, in einer aktuellen Situation die Angst eines Kindes aufzugreifen und spielend Handlungsstrategien zu suchen.

Märchen und Geschichten

Kinder identifizieren sich bewusst oder unbewusst mit einer Märchenfigur. Dabei setzen sie sich mit menschlichen Grundfragen des Lebens auseinander, von denen Märchen immer handeln.

Kinder lieben Märchen und Geschichten. Sie eröffnen ihnen neue Welten und bieten Identifikationsmöglichkeiten. Sie sprechen Gefühle an, die das Kind noch nicht ausdrücken kann, und zeigen Lösungsmöglichkeiten für Probleme auf. Das Kind kann dabei instinktiv eigene Ängste bearbeiten und überwinden.

Im Märchen geht es um Furcht und Angst, um Unruhe und Sorgen, um Leben und Tod, aber auch um Wünsche und Hoffnungen, um Zuversicht und Freude. Die Bildsprache der Märchen trifft die Wahrnehmungs- und Vorstellungswelt des Kindes in besonderer Weise und wird deshalb intuitiv verstanden und positiv aufgenommen.

Das Kind erlebt im Märchen die Angst und die Möglichkeiten der Angstbewältigung mit. Gerade dann, wenn nicht nur der Schwache, sondern auch der Größte und Stärkste im Märchen einmal Angst hat, wird erfahrbar, dass Angst etwas Alltägliches ist. Die Märchenfiguren und übernatürlichen Wesen verkörpern und umschreiben dabei Zustände aus dem Unterbewusstsein, wobei es auch um ambivalente Gefühle und Spannungen, wie z. B. Hass, Neid, Machtstreben, geht, die in Bilder projiziert und so bearbeitet werden können.

Ein Beispiel: Jedes Kind liebt seine Eltern, und doch gibt es Momente, in denen es sie hasst. Dieses Hassgefühl kann aber kaum zugelassen werden und weckt Schuldgefühle. Diese ambivalenten Gefühle finden im Märchen ein Ventil, wenn die „böse Stiefmutter" oder die „Hexe" gehasst werden darf.

Die Symbolik des Märchens

Die Märchenfiguren sind nicht doppeldeutig – sie sind nur gut oder böse. Weil im Märchen das Gute und Gerechte immer gewinnt, vermittelt es eine tröstende, zukunftsweisende und zuversichtlich stimmende Perspektive. Bemerkenswert dabei ist, dass den Guten ihr Erfolg oder ihr Sieg nicht etwa von selbst zufällt. Die guten Märchenfiguren geraten meist in Not und müssen sich mit unzähligen Problemen, Hindernissen und Schwierigkeiten plagen, sie müssen Krisen, Zweifel und Ängste bewältigen, bis sie ihr Ziel erreichen. Die Märchenfiguren begeben sich auf einen langen Weg, auf eine Wanderschaft, auf der sie viele Abenteuer bestehen müssen – symbolisch gedeutet kann dieser Weg als der innere Prozess einer seelischen Reifung verstanden werden.

Die Märchenfiguren begegnen auf ihrem Weg unheimlichen Wesen, mit denen sie zurechtkommen oder die sie besiegen müssen. Diese Wesen symbolisieren die inneren Zwiespälte und die dunklen Seiten der Angst.

Häufig müssen zahlreiche Aufgaben erfüllt werden, bis das Ziel erreicht werden kann. Dafür sind Mut und Kraft, Intelligenz und Geistesgegenwart, Ausdauer und viele andere Fähigkeiten und Eigenschaften nötig.

Besonders das Motiv der Stiefmutter, das das Verlassenwerden durch die eigene Mutter symbolisiert, findet sich in vielen Märchen wieder. Es trifft in besonderer Weise die Ängste des Kindes vor dem Verlassenwerden, der Einsamkeit und Unsicherheit; in dieser Angst fühlt sich auch das Kind wie in einem dunklen Wald oder einem tiefen Brunnen – ganz wie die Figuren im Märchen.

Erzieher und Eltern sollten das Märchen erzählen, das ein ähnliches Thema behandelt wie die beim Kind vermutete Angst. Es ist typisch, dass Kinder oft ein bestimmtes Märchen immer wieder hören wollen – weil es gerade das Problem behandelt, mit dem sie zu kämpfen haben.

Wichtig ist, dass Kinder im Anschluss an das Märchen die Möglichkeit erhalten, das Gehörte im eigenen Tun zu verarbeiten. Hierzu eignet sich Material zum Gestalten, aber auch das Rollen- oder Figurenspiel.

Sind Märchen nicht zu grausam?

Kinder verstehen intuitiv, dass es sich im Märchen nicht um reale Situationen, sondern um die symbolhafte Verarbeitung von Geschehnissen handelt. Solange wir nicht den Fehler machen, Kindern reich bebilderte Märchenbücher oder mit Geräuschen unterlegte Märchenkassetten anzubieten, wirken die grausamen Elemente im Märchen nicht besonders ängstigend auf ein Kind. Die idealste Vermittlungsform ist das Erzählen oder das Vorlesen aus nicht bebilderten Märchenbüchern. Dabei kann sich das Kind seine eigene Bilderwelt schaffen. Außerdem sind durch den engen Kontakt zur Bezugsperson Schutz und Geborgenheit gewährleistet.

Kinder identifizieren sich in der Regel mit den Schwachen und wünschen unbedingt die völlige Vernichtung des Bösen. Würde die böse Hexe bei Hänsel und Gretel nur vertrieben, könnte sie jederzeit wieder auftauchen, während die verbrannte Hexe endgültig ausgelöscht wird, sodass von ihr keinerlei Gefahr mehr ausgehen kann. Hier könnte das Auslassen der Hexenverbrennung eher Ängste erzeugen, als vorbeugend gegen Ängste zu wirken.

Geschichten gegen die Angst

Viele bekannte Geschichten (z. B. von Astrid Lindgren) handeln von Gefahren, kindlichen Ängsten und Nöten und deren Überwindung. Wenn Eltern und Erzieher aktuelle Situationen aufgreifen, können sie selbst Geschichten gegen Ängste erfinden, die genau auf die Situation des Kindes abgestimmt sind und ihm Mut machen.

Im Folgenden finden Sie hierzu ein Beispiel. Daneben bieten viele Anregungen in diesem Buch, die als Rollen- oder interaktives Figurenspiel gekennzeichnet sind, auch hilfreiche kleine Geschichten.

Der kleine Geist TaTu kennt einen Mutmachspruch

ab 3   *Rollenspiel/Magischer Helfer*

Drei Ecken des Taschentuches werden geknotet – so entstehen der Kopf und zwei Arme des Geistes. Daumen, Zeige- und Mittelfinger können in die Knoten greifen. Nun kann der kleine Geist TaTu wie eine kleine Handpuppe eingesetzt werden.

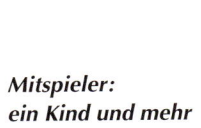

Erzählen Sie den Kindern die Geschichte von TaTu, der aus Angst manchmal einnässt, viel weint, oft ausgelacht wird, sich nicht in den Kindergarten traut usw. Die Geschichte wird der Situation des Kindes angepasst und greift seine eigenen Erlebnisse und Ängste auf. Durch direkte Fragen an das Kind, was der Mutmachgeist tun könnte, um seine Angst oder eine schwierige Situation zu bewältigen, regen wir das Kind an, selbst Lösungswege zu entwickeln.

Der kleine Geist probiert alle Anregungen des Kindes aus und berichtet, was funktioniert und was nicht wirkt. Die Großmutter des kleinen Geistes kennt einen guten Spruch, der TaTu schon oft geholfen hat und der auch dem Kind helfen kann. Der Mutmachspruch (oder auch nur ein Satz davon) kann zu Hause und in der Kindergruppe eingesetzt werden.

Mitspieler:
ein Kind und mehr

Materialien:
ein kleines Taschentuch

Mir ist angst und bange,
aber nicht mehr lange.
Es wird mir gelingen,
die Angst zu bezwingen.
Ich bekomme wieder Mut –
und schon ist alles gut!

Entspannungsübungen

Die Fesseln der Angst sprengen – das vermögen Entspannungsübungen.

Ängste bewirken körperliche Reaktionen und ein Gefühl der Enge. Wenn dieses Empfinden übermächtig wird, ist die Handlungsfähigkeit stark eingeschränkt. Wir können nicht mehr klar denken und fühlen uns wie gelähmt. Um die dadurch erlebten Fesseln der Angst sprengen zu können, ist es notwendig, ruhig zu werden. Entspannungsübungen können dabei eine wertvolle Hilfe sein.

Darüber hinaus haben alle Kinder ein Grundbedürfnis nach Nähe, Aufmerksamkeit und Zuwendung. Sie brauchen Geborgenheit und körperliche Nähe, um Vertrauen entwickeln zu können und sich geliebt und sicher zu fühlen. Je jünger ein Kind ist, desto größer ist sein Bedürfnis nach Zärtlichkeit und körperlicher Nähe.

Diese Zuwendung und Nähe lässt sich durch Entspannungsübungen, Berührungsspiele und Massagen sowie Tast- und Fühlerlebnisse direkt und hautnah erleben. Sie bewirken eine körperliche und seelische Entspannung, die es Kindern leichter macht, mit ängstigenden Erlebnissen und Situationen umzugehen.

Feen-Zauber gegen die Angst

`ab 4` *Rollenspiel*

Ein Kind verwandelt sich in den Angsthasen Floh. Floh wurde von einer bösen Hexe verzaubert und ängstigt sich fürchterlich – er kann nicht schlafen, mag nicht in die Schule gehen oder hat Bauchschmerzen vor lauter Angst. Floh kauert in angstvoller Haltung am Boden. Der Erwachsene wird zur guten Fee und kann Floh von seiner Angst befreien. Er legt seine Hände auf den Rücken des kleinen Angsthasen und versucht, den Zauber durch Streicheln und Reiben zu lösen. Vielleicht fallen der Fee dazu wohltuende, ermutigende Worte ein. Erlebt Floh die Berührungen als angenehm und entspannend, erwacht er langsam aus seiner angstvollen Haltung und beginnt, sich zu recken und zu strecken und die Fesseln der Angst zu sprengen. Um die Entspannung noch zu vertiefen, können wir leise Meditationsmusik anbieten.

Mitspieler:
ein Kind und ein Erwachsener oder zwei Kinder oder eine Kindergruppe

Materialien:
evtl. Kassettenrekorder oder CD-Player, Meditationskassette

Hinweis:
Es können sich auch zwei Kinder für dieses Spiel zusammenfinden. Wenn eine Kindergruppe spielt, versuchen mehrere Kinder nacheinander die Angst wegzuzaubern.

Angst ausatmen – Mut einatmen

`ab 3` *Ritual/Magischer Helfer*

Bewusstes ruhiges und tiefes Atmen hilft, sich zu entspannen und zu beruhigen. Besonders kleinen Kindern fällt die bewusste Atemtechnik schwer, deshalb sollte sie geübt werden. Es kann hilfreich sein, ein Kuscheltier auf den Bauch zu legen und es durch tiefes Ein- und Ausatmen schaukeln zu lassen. Wer mag, kann dazu auch beruhigende Worte sprechen oder denken, z. B:
Beim Einatmen: Mut und Kraft kommen!
Beim Ausatmen: Angst wird genommen!

Mitspieler:
ein Kind und mehr

Materialien:
evtl. ein Kuscheltier oder ein Kissen

Bewusstes Atmen kann auch vor einer Klassenarbeit oder in der Dunkelheit helfen.

Streicheln gegen die Angst

Mitspieler:
ein Kind und ein Erwachsener oder zwei Kinder, die miteinander vertraut sind und sich mögen

Materialien:
evtl. Kassettenrekorder oder CD-Player und Meditationskassette, Decken, evtl. Feder, Rasierpinsel, Watte

`ab 3` *Ritual*

Das Kind legt sich bequem auf eine Decke; es kann auch die Augen schließen. Der Erwachsene kniet seitlich neben dem Kind und legt seine Hände auf dessen Füße. Er wandert mit seinen Händen sanft über die Beine, den Körper und die Schultern zum Kopf. Zuletzt streift er noch einmal am Körper entlang bis zum Boden. Dazu kann man leise Meditationsmusik anbieten. Danach können die Rollen getauscht werden.

Berührungs- und Streichelspiele wirken besonders am Abend sehr beruhigend und entspannend. Das Kind kann am ganzen Körper spüren, dass es geliebt und angenommen ist.

Hinweis:

Lassen Sie das Kind seine Erfahrungen in Worte fassen: Was war angenehm, was weniger angenehm? Falls das Kind die direkten Berührungen mit den Händen scheut, kann auch ein Igelball (Gummiball mit Noppen) oder ein Tennisball eingesetzt werden.

Variation:

Der kniende Spielpartner kann seine Hände auf den Rücken des anderen Kindes legen und versuchen, dessen Atem, also das Heben und Senken des Körpers, zu erspüren.

Oder:

Das Kind darf sich ein Streichelutensil auswählen. Die Streichelmaterialien können auf Wunsch auch gewechselt werden.

Berührungskreis

ab 3   Alle Mitspieler stehen im Kreis und drehen sich nach links, sodass jeder mit dem Gesicht zum Rücken des nächsten Spielers steht. Nun streichelt, massiert oder klopft der Spielleiter seinem Vordermann den Rücken. Dieser soll die Berührung in gleicher Intensität an seinen Vordermann weitergeben.

Hinweis:
Wichtig ist, dass die Berührungen als wohltuend und angenehm erlebt werden. Es gilt also, sanft und behutsam miteinander umzugehen. Man kann seinem Vordermann auch eine Mutmach-Botschaft auf den Rücken zeichnen.

Mitspieler:
drei Kinder und mehr

Materialien:
keine

In diesem Spiel wird gelernt, vertrauensvoll und umsichtig miteinander umzugehen.

Mutmach-Botschaften

ab 6   *Ritual*
Der Erwachsene sitzt hinter dem Kind und malt oder schreibt ihm eine Mutmach-Botschaft auf den Rücken. Für jüngere Kinder kann das beispielsweise eine „Glücks-Sonne" oder ein „Ich-hab-dich-lieb-Herz" sein; älteren Kindern können auch Worte oder sogar Sätze auf den Rücken geschrieben werden, z. B.: „Du bist groß und stark", oder: „Du kannst tapfer sein". Das Kind soll erraten, worum es sich bei dem Bild oder dem Wort handelt.

Mitspieler:
ein Kind und ein Erwachsener

Materialien:
keine

Hier wirkt nicht nur die Berührung angenehm, auch die Botschaften sind wichtig, weil sie das Selbstvertrauen stärken.

Durch Sicherheit, Selbstbewusstsein und Vertrauen stark werden

Zuverlässige Beziehungen, ein Gefühl der Geborgenheit sowie Zutrauen in die eigenen Kräfte sind der beste Schutz vor heftigen Ängsten.

Angst hat viel mit Unsicherheit und dem Gefühl der Unzulänglichkeit zu tun. Eine Erziehung, die Selbstständigkeit und Selbstbewusstsein fördert, wirkt Ängsten entgegen. Ein Kind braucht Begleitung durch seine Angstphasen und die Gewissheit, einen sicheren Halt zu haben. So kann es Schritt für Schritt sein Problem bewältigen. Je kompetenter und selbstbewusster sich ein Kind in den verschiedensten Lebenslagen fühlt, desto weniger Angst wird es empfinden und desto besser wird es mit schwierigen Situationen umgehen können.

Gott schützt mich

Kinder fühlen sich im Glauben an beschützende und behütende Mächte geborgen und sicher. Wenn Kinder erleben, wie Bezugspersonen sich im Alltag vertrauensvoll an Gott wenden, werden sie durch eine religiöse Grundeinstellung Gelassenheit und Hilfe in Angst auslösenden Situationen finden. Ein kleines, der Situation angemessenes Gebet kann gerade für Kinder, die im magischen Denken verhaftet sind, zu einem machtvollen „magischen" Helfer werden (siehe unten). Ebenso kann ein Schutzengelkettchen oder ein Kreuzanhänger Symbol sein für die Geborgenheit und Sicherheit, die Gott schenkt (siehe auch „Magische Helfer und Übergangsobjekte", Seite 49).
Folgende Gebete können statt eines Mutmachspruchs eingesetzt werden:

Statt „Lieber Gott" können Sie selbstverständlich die Anrede einsetzen, die bei Ihnen gebräuchlich ist.

Du bist bei mir

Lieber Gott, du bist hier,
ich vertraue dir und mir.
Du gibst mir Kraft und Sicherheit,
jetzt und in alle Ewigkeit.

Was auch geschieht

Was auch geschieht,
du bist bei mir,
beschütze mich auch jetzt und hier!

Vertrauen entwickeln

Angst hat immer mit einem Gefühl der mangelnden Sicherheit zu tun. Und es ist nicht nur wichtig, Vertrauen in sich selbst und die eigenen Kräfte zu entwickeln, sondern auch Vertrauen zu anderen. Denn dort, wo wir anderen vertrauen können, fühlen wir uns sicher und können Ängste überwinden.

Blinder Zug

ab 6 Alle Kinder stehen in einer Reihe hintereinander und legen einander die Hände auf die Schultern. Das Kind, das vorne steht, ist die Lok des blinden Zuges und hat die Augen geöffnet, während die anderen Kinder ihre Augen geschlossen halten. Der Zug beginnt seine Reise durch das Zimmer, wobei das Kind, das vorne steht, die Richtung bestimmt, und alle anderen ihm zu folgen versuchen.

Mitspieler:
sechs Spieler und mehr

Materialien:
keine

Blinder Spaziergang

ab 5 Das Kind schließt die Augen und lässt sich an der Hand eines Erwachsenen oder eines Freundes durch die Wohnung, den Kindergarten oder den Garten führen. Ältere Kinder haben vielleicht schon so viel Mut, sich ganz einem anderen anzuvertrauen, und tragen eine Augenbinde. Noch schwieriger wird das Spiel, wenn das blinde Kind von seinem Partner nicht geführt, sondern nur durch Worte gelenkt wird.

Mitspieler:
zwei Kinder und mehr

Materialien:
evtl. eine Augenbinde

Auffangen

Mitspieler:
ein Kind und ein Erwachsener

Variation:
sieben Kinder und mehr

Materialien:
keine

ab 1 *mit einem Erwachsenen, Variation ab 7*

Das Kind sitzt auf einem Tisch oder steht auf der zweiten Treppenstufe. Der Erwachsene fordert das Kind auf, sich in seine sicheren Arme fallen zu lassen. Wagt es das Kind sogar mit geschlossenen Augen?
Oder Sie stellen sich hinter das Kind. Das Kind schließt die Augen und streckt seine Arme weit von sich, bevor es sich rückwärts in Ihre Arme fallen lässt.

Hinweis:
Achtung, besonders kleinere Kinder haben manchmal so viel blindes Vertrauen, dass sie sich einfach fallen lassen, auch wenn der Erwachsene gar nicht bereitsteht. Vereinbaren Sie deshalb ein Zeichen, z. B. bis drei zählen und sich erst dann fallen lassen.

Variation für ältere Kinder:
Alle Kinder stehen dicht nebeneinander in einem nicht zu großen Kreis. Ein Kind stellt sich in die Mitte und schließt vielleicht sogar die Augen. Wenn alle im Kreis bereit sind, geben sie ein Zeichen und das Kind in der Mitte lässt sich in eine beliebige Richtung fallen. Die anderen Kinder fangen das Kind auf.

Ich bin allein – hilf mir!

`ab 5`   *Rollenspiel*

Ein Kind spielt eine Person, die in eine ängstigende Situation gerät. Es kann die Situation selbst beschreiben und vorspielen oder sie mit einer Handpuppe spielen (z. B. mit dem Angsthasen Floh). Es kann sich die Situation selbst ausdenken oder einen Zettel ziehen, auf dem eine Situation vorgegeben wird, z. B.: Ich bin allein zu Hause. – Ich muss allein in den dunklen Keller. – Ich habe mich verlaufen.

Die Zuschauer bieten nacheinander Rat und Hilfe oder hilfreiche Gegenstände an, die sie im Zimmer oder einer Utensilienkiste finden. Dazu sagen sie z. B.: „Ich gebe dir eine Taschenlampe, dann ist es im Keller nicht mehr dunkel." – „Ich begleite dich, damit du dich nicht so allein fühlst." – „Ich bringe dir ein Telefon, damit du deine Mama anrufen kannst." Das Kind hört sich die Hilfsangebote an und entscheidet, welches es annehmen möchte. Das Kind, dessen Hilfsangebot angenommen wurde, holt das andere Kind ab und bringt es auf seinen Platz, bevor es nun selbst die Rolle des Hilfesuchenden übernimmt.

Mitspieler:
fünf Kinder und mehr

Materialien:
keine, bzw. siehe Spielbeschreibung

Selbsterfahrungsspiele

Selbstbewusstsein und Selbstvertrauen hängen auch sehr stark von einem gefestigten Bewusstsein der eigenen Person und des eigenen Körpers ab. Spiele zur Förderung der Wahrnehmung, wie Bewegungsspiele, Tastspiele, Hörspiele, Riech- und Schmeckspiele, vermitteln Körpererfahrungen mit allen Sinnen und machen Kindern viel Spaß. Auf diese Weise können Wahrnehmungs- und Selbsterfahrungsspiele die Fähigkeit zu fühlen, zu denken und zu handeln vertiefen und Kindern ein sicheres Gespür für ihren Körper, ihre Wünsche und Fähigkeiten vermitteln. Dieses Selbstbewusstsein schafft eine gute Basis, um Ängsten nicht hilflos ausgeliefert zu sein. Viele der folgenden Spiele eignen sich auch, wenn Kinder sich vor Fantasiegestalten und Ungeheuern fürchten.

Unheimliche Stimmen

Mitspieler:
fünf Kinder und mehr,
Spielleiter

Materialien:
eine Decke

ab 3 Der Raum wird abgedunkelt oder die Kinder schließen die Augen. Während alle Kinder auf dem Boden sitzen, wird ein Kind vom Spielleiter mit der Decke bedeckt. Das Kind unter der Decke richtet nun mit normaler oder verstellter Stimme ein paar Worte an die anderen Kinder. Können die Kinder herausfinden, wer da spricht?

Variation:
Die Stimmen der Kinder werden auf Kassette aufgenommen. Wer erkennt die eigene Stimme oder die Stimme der Freunde?

Der unheimliche Garten

ab 4 Im unheimlichen Garten ist es dunkel und es wimmelt nur so von unheimlichen Geräuschen. Ein Kind, das sich freiwillig meldet, schließt die Augen oder lässt sie verbinden – es soll sich nun, ohne etwas zu sehen, im unheimlichen Garten zurechtfinden. Die anderen Kinder erhalten Instrumente, mit denen sie nacheinander die verschiedensten Töne und Geräusche erzeugen können. Das blinde Kind geht einen Schritt vorwärts, wenn es das Geräusch als angenehm empfindet. Erlebt es das Geräusch als unheimlich und ängstigend, geht es einen Schritt rückwärts. Nach einiger Zeit werden die Rollen getauscht.

Mitspieler:
fünf Kinder und mehr

Materialien:
verschiedene Instrumente oder Gegenstände, mit denen Geräusche erzeugt werden können, Augenbinde

Gesprächsimpulse:
Warum wurden manche Geräusche als unangenehm oder gar beängstigend erlebt? Weil sie so plötzlich und unerwartet erklangen? Weil sie so laut waren? Weil sie so fremd klangen und nicht zugeordnet werden konnten?

Variation: Geräusche raten
Jeweils zwei Kinder finden sich zu Spielpartnern zusammen. Ein Kind schließt die Augen oder lässt sie sich verbinden und das andere Kind erzeugt ein Geräusch. Errät das Kind, wie das Geräusch erzeugt wurde, werden die Rollen getauscht.

Was ist denn das?

Mitspieler:
ein Kind und mehr

Materialien:
Dinge, die sich unterschied-
lich anfühlen, z. B. Holz,
Metall, Sand, Moos, Watte,
Schaumgummi, Plastikfolie,
evtl. Augenbinden

ab 4   Zunächst machen sich die Kinder selbst auf die Suche nach Materialien mit unterschiedlichen Eigenschaften. Sie suchen z. B. etwas Hartes – Weiches, etwas Glattes – Glitschiges, etwas Kaltes – Warmes … Dann lässt sich ein Kind die Augen verbinden und versucht durch Tasten zu ergründen, was seine Hände berühren. Dabei versucht das Kind auch, seine Empfindungen zu beschreiben, z. B.: „Das fühlt sich unangenehm, komisch, fremd an …" – „Es ekelt mich, weil es mich an … erinnert."
Dinge, die das Kind erkennt, benennt es und legt sie auf eine Seite. Dinge, die ihm fremd sind, legt es auf die andere Seite. Die unbekannten Dinge werden anschließend noch einmal genau betrachtet und „begriffen".

Gesprächsimpulse:
Wodurch werden die unterschiedlichen Empfindungen ausgelöst? Verursachen Dinge, die wir kennen, genauso leicht Angst oder unangenehme Gefühle wie Dinge, die wir nicht kennen? Warum – warum nicht?

Variation:
Wenn die Materialien in kleine Behälter, z. B. Deckel von Schuhkartons oder flache Plastikwannen, gefüllt werden, kann auch eine Fühlstraße entstehen, die barfuß begangen werden kann – vielleicht sogar blind an der Hand eines Erwachsenen. Das macht Kindern Spaß und schult auch die Wahrnehmungsfähigkeit über die sensible Fußsohle.

Angstbilder

ab 4 Wir sprechen mit den Kindern über Dinge oder Situationen, die unterschiedlichste Gefühle in uns auslösen, z. B.: „Das macht mich froh!" – „Das ist mir unheimlich." Oder wir erzählen eine entsprechende Geschichte.

Die Kinder sollen Bilder zu Dingen, die bestimmte Emotionen in ihnen hervorrufen, gestalten. Dabei können sie malen, basteln, kleben, tonen oder fotografieren (für ältere Kinder), z. B. ein Bild vom dunklen Keller, von vielen fremden Menschen, von einem großen Hund, eine unheimliche Fratze aus Ton usw. Wer mag, kann etwas zu seinem Bild sagen.

Gesprächsimpulse:
Macht dir der große Hund, den Karin gemalt hat, auch Angst? Wer fürchtet sich noch im Keller?
Angstbilder eignen sich gut für die folgenden Spielideen.

Mitspieler:
ein Kind und mehr

Materialien:
verschiedenste Mal- und Gestaltungsutensilien

Vielleicht haben ein paar Kinder Lust, ihre Angstvorstellungen spielerisch im Rollenspiel darzustellen.

Dir werd ich's zeigen!

Ritual / Magischer Helfer

ab 5 Jeder malt, bastelt oder gestaltet etwas, wovor er sich fürchtet, z. B. ein Monster, den schreienden Nachbarn … Anschließend sucht sich jedes Kind einen Spielpartner, dem er sein Angstbild gibt. Der Spielpartner überlegt sich, wie er das ängstigende Objekt unschädlich machen könnte. Er kann z. B. Papierstreifen als Gitterkäfig über das Monster kleben, den Nachbarn in eine Flasche mit Deckel verbannen, alle Angstbilder in einen Karton sperren. Vielleicht können wir dem ängstigenden Ungeheuer auch im wahrsten Sinne des Wortes auf der Nase herumtanzen oder es mit gasgefüllten Luftballons in die Luft schweben lassen.

Mitspieler:
zwei Kinder und mehr

Materialien:
siehe Spielbeschreibung

Oder:
Das Angstbild wird im Freien aufgehängt und mit Matsch beworfen, bis nichts mehr davon zu erkennen ist. Eine symbolische Handlung, die Spaß macht und Aggressionen abbaut.

Hinweis:
Jedes Kind kann „sein" Ungeheuer auch selbst unschädlich machen.

Klecksmonster

 Die Kinder lassen verschiedene Farben auf Papier tropfen und ineinander fließen. Aus den Klecksen können nun Klecksmonster entstehen, wenn mit Stiften Konturen nachgefahren und Gesichter dazugezeichnet werden.

Mitspieler:
ein Kind und mehr

Materialien:
Wasserfarben, Fingerfarben, Dispersionsfarben oder andere flüssige Farben, Papier, Stifte

Menschen und Tiere haben Angst

Rollenspiel
Auf Zettel werden verschiedene Tiere oder Menschen mit unterschiedlichen Gesichtern oder Körperhaltungen gemalt. Alle Bilder werden in einen Korb gelegt, den wir in die Mitte stellen.
Ein Kind oder eine Gruppe nimmt ein Bild aus dem Korb. Es benennt das Tier oder beschreibt das Gesicht und spielt pantomimisch oder in einem kleinen Rollenspiel, wie sich das Tier oder der Mensch verhält, wenn er Angst hat. Einige Beispiele:

Mitspieler:
drei bis fünf Spieler, größere Gruppen sollten in Kleingruppen aufgeteilt werden

Materialien:
evtl. Verkleidungsutensilien, für ältere Kinder Zettel, Stifte, evtl. Fotos oder Bilder aus Zeitschriften, ein Körbchen

Durch diese Rollenspiele lernen Kinder unterschiedliche Möglichkeiten kennen, mit Angst umzugehen, und probieren auch einmal ein anderes Verhalten aus.

- Der Igel rollt sich zusammen und stellt seine schützenden Stacheln auf. Das bedeutet: Lass mich in Ruhe und komm mir nicht zu nahe!
- Die Schnecke zieht sich in ihr Haus zurück. Auch sie will ihre Ruhe haben und sich in Sicherheit bringen.
- Die Eidechse stellt sich tot. Damit will sie sich für die anderen uninteressant machen.
- Das scheue Reh flieht. Es ist immer sehr vorsichtig und nimmt ständig Witterung auf, um sich in Sicherheit bringen zu können.
- Der Vogel plustert sein Gefieder auf und fliegt davon.
- Die Katze stellt ihr Fell auf, um größer zu wirken, und faucht.
- Der Hund knurrt und bellt, um seinerseits Angst zu machen.
- Der Löwe brüllt und zeigt seine Zähne. Er möchte seine Stärke zeigen und den anderen Angst einflößen.
- Menschen wenden sich ab, weinen, suchen Schutz …

Gesprächsimpulse:
Der Hase hat Angst – wovor hat er Angst? Warum? Was kann er tun? Wir probieren verschiedene Möglichkeiten und Vorschläge aus. Was hilft, was nicht? Der Igel sollte vielleicht nicht fliehen, weil er zu langsam ist, aber der Hase kann es durchaus wagen, weil er einen Trick kennt (Zick-Zack-Lauf) …

Floh hat Angst

ab 4

Handpuppenspiel / Magischer Helfer

Zunächst sprechen Sie mit den Kindern über das Thema Angst.
Dazu ist eine kurze Geschichte als Einstieg besonders geeignet.

Mitspieler:
ein Kind und mehr

Materialien:
Handpuppe

Gesprächsimpulse:
Hast du auch schon einmal so etwas erlebt? Wie fühlt man sich
dabei? Jeder hat manchmal Angst. In welchen Situationen hattest du
schon einmal Angst? Was würdest du am liebsten tun, wenn du in
dieser Lage wärst und Angst hättest?
Auf diese Weise können Sie ein Gespräch über die unterschiedlichsten Ängste anregen.

Oder Sie führen ein kleines Figurentheater auf: Floh hat schreckliche
Angst – vor dem Alleinsein, vor dem großen Wolf, vor der Dunkelheit. Die Kinder machen ihm Vorschläge, wie er seine Angst überwinden könnte. Er probiert vieles aus, um seine Angst zu besiegen.
Manches hilft ihm, anderes leider nicht.
Die Kinder lernen verschiedene Möglichkeiten kennen, mit Angst
umzugehen. Dabei gibt es keine verbindlichen und richtigen Lösungen, sondern jeder findet für sich eigene Wege, wie er mit Angst-
gefühlen am besten zurechtkommt. Floh schafft es schließlich, die
Angst vor der Dunkelheit mit einem Angstspruch gerade solange
zu überlisten, bis er bei Mama und Papa im Schlafzimmer angekommen ist.

*In Angstsituationen vergessen
Kinder oft alles, was sie
schon können. Hier kann ein
Angstspruch helfen, zur Ruhe
zu kommen und sich zu kon-
zentrieren.*

*Ach du Schreck,
Angst geh weg!*

*Mir wird angst und bange,
aber nicht mehr lange!
Ich kann mir Hilfe holen,
Angst bleibt mir gestohlen!*

Rituale gegen die Angst

Rituale bilden feste Eckpfeiler, auf die man sich selbst im größten Durcheinander verlassen kann.

In jeder Familie und Kindergruppe entwickeln sich im Lauf der Zeit verschiedene Alltagsrituale und nicht selten sind Erwachsene erstaunt, mit welcher Beharrlichkeit Kinder an diesen Ritualen festhalten. Rituale geben Kindern Orientierung im oftmals verwirrenden Tages-, Wochen- oder Jahreslauf. Rituale vermitteln Sicherheit und Geborgenheit und dürfen in vielen (fremden oder Angst auslösenden) Situationen nicht fehlen.

Sie finden bei den Spielen in diesem Buch immer wieder kleine Anregungen, die Sie einsetzen können, um ein hilfreiches Ritual zu entwickeln, das zu Ihrer Familie passt.

Viele Rituale ergeben sich im Alltag ganz von selbst. Erwachsene können aber auch bewusst Rituale entwickeln, um angstbesetzte Situationen zu entschärfen. So hilft ein Einschlafritual, z. B. eine kleine Geschichte, ein Schlaflied oder ein Nachtgebet, zur Ruhe zu kommen und sich auf das Schlafengehen und Einschlafen vorzubereiten. Ein Abschiedsritual, z. B. ein Kuss auf jede Wange und einen in die Hand, kann die Trennung erleichtern, Singen im Keller wirkt befreiend usw.

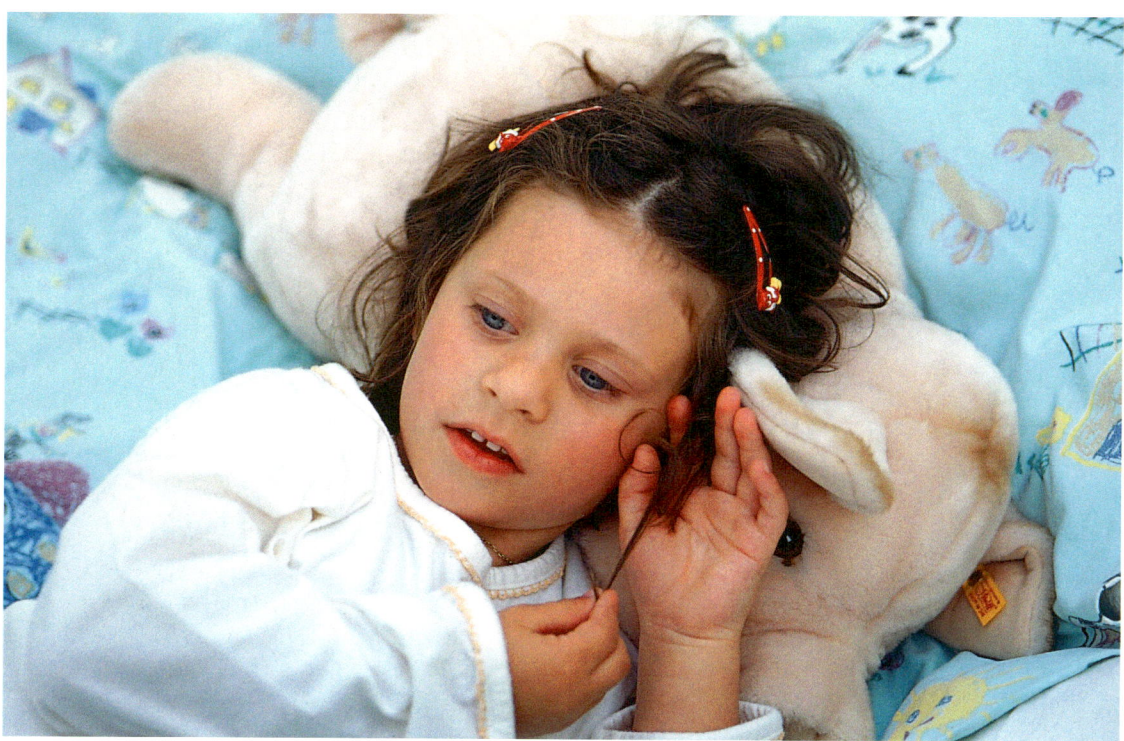

Magische Helfer und Übergangsobjekte

Auch wenn ein Kind die Beziehung zu den Eltern als sicher erlebt, kann eine neue Situation, z. B. der Kindergarteneintritt oder die erste Übernachtung beim Freund, es verunsichern und ängstigen. Diese Angst können viele Kinder besser aushalten, wenn sie ein „Übergangsobjekt", z. B. ein Kuscheltuch, einen Teddy, eine Schmusepuppe, besitzen. Oft haben Kinder schon von klein an ein solches Lieblingsding, das ihnen in fremden und ängstigenden Situationen Sicherheit vermitteln kann.

Schon immer glaubten Menschen an die Zauberkraft eines Glücksbringers oder Talismans. Egal was es auch ist, ob ein Stein, eine Münze, ein kleines Bild, ein Amulett, ein Schutzengel – der Gegenstand soll Glück bringen und vor Gefahren und Schaden schützen. Kinder tragen gern einen Talisman bei sich und glauben an seine positive Wirkung. Ein Kuscheltuch in der Nacht ist ein Symbol für die Anwesenheit der beschützenden Bezugsperson, etwa der Mutter. Genauso gab es schon immer Geschichten von hilfreichen Zwergen oder Geistern und von Schutzengeln. Was für religiöse Menschen der Schutzengel bedeutet, können für andere die Heinzelmännchen oder Gnome sein.

Neben den folgenden Anregungen, die Sie den Bedürfnissen und Ängsten der Kinder entsprechend abwandeln können, finden Sie in Kapitel 3 viele Tipps für magische Helfer und Übergangsobjekte, die Kindern Sicherheit vermitteln können.

Übergangsobjekte schenken dem Kind Sicherheit. Talismane, gute Geister und Zwerge kommen dem magischen Denken von Kindern sehr entgegen und helfen, Ängste zu besiegen.

Talisman-Glückstaler

ab 4

Magischer Helfer

Auf ein Stück Pappe mit Hilfe eines Glases oder des Zirkels einen Kreis aufzeichnen und ausschneiden. Mit Goldfolie bekleben oder auf andere Weise verzieren. Einen Glücksbringer aufkleben, z. B. ein Kleeblatt, eine Feder, eine Münze, ein kleines Bild. Anschließend mit Klarsichtfolie überziehen.

Wer mag, bringt eine Kordel zum Umhängen an. Der Glückstaler kann aber auch einfach in die Hosentasche gesteckt werden. Vielleicht beruhigt der Glückstaler bei der nächsten Klassenarbeit oder bei Angst in der Dunkelheit.

Mitspieler:
ein Kind und mehr

Materialien:
Pappe oder Goldfolie, Bleistift, ein kleines Glas oder ein Zirkel, Schere, Locher, Klebstoff und Klebeband, Kleeblatt, selbstklebende Klarsichtfolie, Wolle oder Kordel

Heldenarmband

Mitspieler:
zwei Kinder und mehr

Materialien:
bunte Wollreste

`ab 3`   *Magischer Helfer*

Wir haben Glück und sind stolze Besitzer einer Menge Zauberwolle. Die Zauberwolle bewirkt Mut und Abenteuerlust, Kraft und Unbesiegbarkeit.

Jeweils zwei Kinder flechten oder drehen gemeinsam eine Kordel aus Zauberwolle, die sie als Armband am Handgelenk tragen können und die ihnen in vielen kritischen Situationen Sicherheit vermittelt.

Der geheime Helferzwerg

Mitspieler:
ein Kind und mehr

Materialien:
Steine, Farben, Klarlack,
Pinsel

`ab 3`   *Magischer Helfer*

Die Steine werden als kleine Zwerge bemalt und können mit Klarlack überzogen werden.

So ein kleiner Helferzwerg findet in der Hosentasche ebenso Platz wie unter dem Bett. In ängstigenden oder gefährlich erscheinenden Situationen kann allein das Wissen, den Helferzwerg in der Tasche zu haben, hilfreich sein.

Magischer Angstspruch

Ach du Schreck,
Angst geh weg!
Hokuspokus, eins, zwei, drei –
und schon bin ich wieder frei.

Fangen, Krach machen und erschrecken – das Gruseln

Schon immer haben Kinder mit ihrer Angst gespielt. Wer kennt nicht die klassischen Spiele, in denen es darum geht, einander zu erschrecken, zu jagen und zu erlösen. Hinter dieser klassischen Spielform steckt der Versuch, sich mit Angst machenden Dingen auseinander zu setzen. Die Kinder provozieren und spielen mit dem kribbelnden Gefühl der Angst und versuchen, die damit verbundene Spannung und Angst auszuhalten. Sie werden häufig vom Gejagten zum Jäger und schlüpfen damit selbst in die Rolle des Angstmachers. Empfehlenswert bei dieser Spielform ist es, die Angst auch gestalterisch zu fassen, ihr bastelnd und formend ein Gesicht zu geben. Da entstehen Bilder von Ungeheuern, Schlangen, bösen Nachbarn usw. Die folgenden Spiele sind auch geeignet, um den eigenen Ängsten auf die Spur zu kommen und sie bewusster zu erleben. Sie können ein guter Einstieg zu einem Gespräch über Ängste sein.

Das Gruseln ist ein komisches Gefühl zwischen Furcht und Begeisterung.

Wer fürchtet sich vorm schwarzen Mann?

`ab 3` Ein Kind, der schwarze Mann, steht an einem Ende des Spielfeldrandes, die anderen Kinder stehen dem schwarzen Mann am anderen Ende des Spielfelds gegenüber. Der schwarze Mann ruft: „Wer fürchtet sich vorm schwarzen Mann?" Die Kinder antworten: „Niemand!" Der schwarze Mann fragt: „Wenn er aber kommt?" Die Kinder antworten: „Dann laufen wir davon!" Nun versuchen die Kinder auf die andere Seite des Spielfelds zu gelangen, ohne vom schwarzen Mann, der auf sie zuläuft, gefangen zu werden. Wer vom schwarzen Mann gefangen wird, wird ebenfalls zum schwarzen Mann und hilft ihm beim nächsten Durchgang. Wenn nur noch ein Kind übrig bleibt, beginnt das Spiel von Neuem.

Mitspieler:
sechs Kinder und mehr

Materialien:
keine

Das Fußfangmonster

Mitspieler:
drei Kinder und mehr

Materialien:
ein großes Leintuch oder
eine Decke

ab 3   Das Leintuch wird auf dem Boden ausgebreitet und ein Kind versteckt sich darunter – es wird zum Fußfangmonster. Die anderen Kinder halten das Leintuch und spannen es knapp über dem Boden. Immer wieder strecken die Kinder frech ihre Füße unter das Tuch und locken und ärgern das Fußfangmonster. Das Fußfangmonster versucht, den Fuß eines Mitspielers zu erwischen. Wer seinen Fuß nicht schnell genug zurückzieht und gefangen wird, geht als neues Fußfangmonster unter das Tuch. Machen Sie das Fußfangmonster darauf aufmerksam, dass es nicht an einem gefangenen Fuß ziehen darf, damit kein Kind umfällt.

Gesprächsimpulse für Kinder ab 5 Jahren:
Warum macht uns etwas, was wir nicht sehen können, Angst?
Warum erschrecken wir, wenn wir plötzlich und unerwartet berührt werden oder wenn sich etwas schnell bewegt?

Nachtgespenster

Mitspieler:
ein Kind und mehr

Materialien:
Pappe, Schere, Cutter,
Taschenlampe

ab 6   Auf die Pappe wird ein grusliges Gespenster- oder Monstergesicht gemalt. Augen, Nase und ein Furcht erregendes Gebiss werden ausgeschnitten. Das Zimmer wird abgedunkelt. Während das Pappgesicht mit einer Hand ein Stück weggehalten wird, wird mit der Taschenlampe in der anderen Hand gegen das Gesicht geleuchtet. Auf der gegenüberliegenden Wand erscheint nun das schreckliche Nachtgespenst. Wenn dazu noch schauriges Geheul ertönt, bleibt bestimmt niemand ohne Gänsehaut.

Bei diesen Spielen geht es nicht nur darum, mit der Angst zu spielen, sondern den Kindern zu vermitteln, dass sie sich Hilfe holen und selbst nach einem Ausweg suchen können.

Gesprächsimpulse:
Was kannst du tun, wenn du Angst bekommst: bei jemandem Schutz suchen? Das Licht anschalten?
Die Kinder können selbst nach Lösungen suchen und sich auf eine Möglichkeit einigen, dem Schrecken ein Ende zu setzen. Vielleicht vertreibt folgender Vers die ängstigenden Schatten:
Du machst mir Angst, ich mag dich nicht,
verschwinde, schreckliches Gesicht!
Sofort müssen die Gespenster- und Monstergesichter vor den Taschenlampen verschwinden.

Gespenster vertreiben

`ab 4` *in der Dunkelheit ab 8*

Schreckliche Ungeheuer und schaurige Monster im An-
marsch? Da hilft nur eines: sie mit ihren eigenen Waffen schlagen
und sie mit fürchterlichen Geräuschen vertreiben, z. B. mit einem
Löffel auf einen Blechtopf schlagen, eine Papiertüte aufblasen und
zum Platzen bringen, Steine in eine Blechdose werfen, mit einem
Fingerhut auf einer Gemüseraspel reiben, über einen Flaschenhals
blasen, durch ein Papprohr sprechen usw. Jedes Kind darf sich etwas
ausdenken, bevor das folgende Spiel beginnt.

Ein Kind wird zum Gespenst und verbirgt sich unter einem großen
weißen Laken. Mit schaurigem Geheul bewegt es sich auf die anderen Kinder zu. Wem das Gespenst zu nahe kommt, der vertreibt es
mit lautem Geschrei oder einem fürchterlichen Geräusch. Besonders
spannend wird es, wenn in der Dämmerung oder gar bei Dunkelheit
gespielt wird.

Variation:

Ein Kind wird zum Gespenst, Ungeheuer, Untier, Vampir … Die
anderen Kinder überlegen sich, wie sie den „Feind" unschädlich
machen können. Erlaubt ist Ernsthaftes und Spaßiges, z. B. eine
Decke darüber werfen, fesseln oder die Beine zusammenbinden,
Durchfall anhexen, sich selbst unsichtbar machen usw.

Mitspieler:
drei Kinder und mehr

Materialien:
*ein weißes Laken mit Seh-
schlitzen, verschiedene
Gegenstände zum Krach-
machen*

Geistertanz

`ab 5` Die Kinder verkleiden sich als Geister, Gespenster und Ungeheuer. Der Raum wird abgedunkelt oder es wird nachts im
Freien gespielt. Die Geister, Gespenster und Ungeheuer tanzen zu
schauriger Musik und beleuchten sich dabei gegenseitig mit den
Taschenlampen. Das sieht ganz schön unheimlich aus! Wer sich
fürchtet, darf sich Hilfe holen und einen Partner suchen oder das
Licht anschalten und die Musik abschalten – sofort endet der Geister-
tanz!

Mitspieler:
drei Kinder und mehr

Materialien:
*Verkleidungsutensilien
(siehe „Unheimliche Ver-
kleidungen", Seite 54), für
jedes Kind eine Taschen-
lampe, Kassettenrekorder
oder CD-Player*

Unheimliche Verkleidungen

 Verschiedene Spiele oder Theaterstücke werden mit der passenden Verkleidung erst richtig spannend oder unheimlich, z. B.:

Mitspieler:
ein Kind und mehr

Materialien:
weiße Bettlaken, alte Vorhänge u. Ä., Schere, schwarze T-Shirts und Gymnastikhosen, Stofffarbe, Faschingsschminke, Papiertüten, Nylonstrümpfe …

- Geister: Die Kanten eines weißen Lakens gezackt einschneiden. Dann das Laken über den Kopf legen. Mit einem Stift wird markiert, wo sich die Augen befinden, damit sie ausgeschnitten werden können. Noch gruseliger sieht es aus, wenn die Ausschnitte, vielleicht auch ein Mundausschnitt, mit schwarzer Farbe umrandet werden.
- Skelett: Auf die schwarze Hose und das schwarze T-Shirt wird mit weißer Stofffarbe ein Skelett gemalt. Wer mag, kann auch das Gesicht gruselig schminken.
- Monstermasken: Papier-Einkaufstaschen können bemalt und Augen und Mund ausgeschnitten werden. Nach Belieben kann die Monstermaske mit Wolle, Stoff, Watte usw. ausgeschmückt werden. Wenn die Monstermaske fertig ist, braucht sie nur noch über den Kopf gezogen werden.
- Strumpf-Ungeheuer: Ein heller Nylonstrumpf wird über einen Luftballon gezogen und ein schauriges Gesicht mit wasserfesten Filzstiften aufgemalt.
- Gruselschmuck: Ketten mit weißen Gummimäusen, Hähnchenknochen, ein alter Schlüsselbund zum Rasseln usw. runden die Verkleidung ab.
- Schminke: Kreideweiße Gesichter, schwarze Augenhöhlen, dunkelrote Lippen, ein paar Blutstropfen, eine aufgemalte Spinnwebe lassen jedes Gesicht unheimlich erscheinen.

Tipp:
Entsprechend lassen sich auch „Unheimliche Dekorationen" anfertigen, z. B.:

Unheimliche Dekorationen können für Gespensterfeste, Theaterstücke u. Ä. verwendet werden.

- Fledermäuse aus schwarzem Tonpapier ausgeschnitten, mit hellen oder leuchtenden Augen versehen,
- Ballonmonster aus bemalten Luftballons,
- Schreckgestalt: Ein Besenstiel wird mit Jacke und Hose bekleidet, aus einem Luftballon kann der Kopf werden, den die Schreckgestalt unter dem Arm trägt.

Gespensterjagd

`ab 5` Ein Kind wird zum Gespensterjäger, die anderen Kinder werden zu Gespenstern und binden sich ein Glöckchen an das Fußgelenk. Jetzt wird der Raum abgedunkelt und die Gespensterjagd kann beginnen. Alle Gespenster tanzen umher und versuchen dabei so wenig Geräusche wie möglich zu machen. Aber das Klingeln der Glöckchen lässt sich natürlich nicht verhindern. Der Gespensterjäger versucht ein Gespenst zu fangen. Gelingt es ihm, tauschen beide die Rollen und das gefangene Gespenst wird zum neuen Gespensterjäger.

Mitspieler:
drei Kinder und mehr

Materialien:
ein altes Betttuch mit Löchern zum Durchgucken, eine Taschenlampe, Glöckchen und Kordel

Ungeheuerlich – Wir feiern ein Gruselfest

`ab 5` Jemand, der sich vor gar nichts fürchtet – das gibt's doch gar nicht! In ein Furcht erregendes Ungeheuer kann man sich mit etwas Schminke und grausigem Augenrollen schnell verwandeln. Und für derartige Ungetüme, Monster und Gespenster gibt es nichts Schöneres, als jemanden zu erschrecken. Die einen fürchten sich vor Spinnen und Mäusen, den anderen graust vor Kaltem, Feuchtem und Glibberigem – für ein Grusel-Gespenster-Fest lässt sich immer etwas Passendes finden.

Mitspieler:
fünf Kinder und mehr

Materialien:
Verkleidungsutensilien, Schminke …

Bereiten Sie vor:
- Bettlaken zum Verkleiden oder für einen Gespenstertanz,
- Taschenlampen für grausige Spielereien, z. B. in den Mund oder durch die Finger leuchten,
- verschiedene Dinge, um unheimliche Geräusche zu erzeugen.

Um aus Spaß nicht Ernst werden zu lassen, gilt es allerdings ein paar Regeln zu befolgen:
- Keinem darf beim Erschrecken wehgetan werden.
- Ängstliche kleine oder furchtsame alte Menschen dürfen nicht erschreckt werden.
- Niemand darf zu Tode erschreckt werden.

Ein Gruselfest, das Kinder gemeinsam vorbereiten, bietet eine gute Gelegenheit, sich über Angst machende Fantasien auszutauschen.

Spielanregungen zum Umgang mit typischen Ängsten

Manche Ängste treten in einem bestimmten Alter besonders häufig auf. Welche das sind und wie angemessen reagiert werden kann, erfahren Sie in diesem Kapitel.

Was sind typische Ängste?

Da viele Ängste entwicklungsbedingt sind (siehe Seite 16), treten sie häufig in einem bestimmten Alter besonders intensiv auf. Ein typisches Beispiel hierfür ist das Fremdeln, das auch unter dem Namen Achtmonatsangst bekannt ist. Bei den Altersangaben handelt es sich aber jeweils um ungefähre Richtwerte, jede Angst kann früher oder später auftreten. Da Ängste von den Lebensumständen und Erfahrungen der Kinder abhängen, können auch längst überwunden geglaubte Ängste plötzlich wieder auftreten – auch wenn sie nicht mehr zum Alter „passen".

Gibt es außerdem auch typische Jungenängste und Mädchenängste? Jungen wirken in vielen Situationen „draufgängerischer" – haben sie deshalb weniger Ängste durchzustehen als Mädchen?

Die Ängste der Jungen unterscheiden sich im Prinzip kaum von den Ängsten der Mädchen. Anders ist eher die Art, mit den Ängsten umzugehen. Mädchen zeigen ihre Ängste meist offener, suchen Schutz und reagieren mit Rückzug. Jungen versuchen auch heute noch groß und stark zu wirken. Sie neigen deshalb dazu, Ängste zu überspielen. Und das ist für ihre Persönlichkeitsentwicklung keineswegs von Vorteil. Deshalb sollten wir Jungen die Chance geben, ihre Gefühle und Ängste wahrzunehmen und zuzulassen und sie mit verschiedenen Wegen der Angstbewältigung vertraut machen.

Ängste überwinden – Schritt für Schritt

In jeder Entwicklungsphase können die Eltern dem Kind helfen, sich seinen Ängsten zu stellen und sie zu überwinden. Dies ist ein schrittweiser Verarbeitungsprozess, bei dem es zunächst gilt, die Angst einzugestehen und zu formulieren, um sie schließlich zu überwinden. Entsprechend sind die Spielanregungen in diesem Kapitel jeweils in zwei Bereiche gegliedert:

• Der Angst auf der Spur – ich zeige meine Angst!
• Ich besiege meine Angst!

Der Angst auf der Spur – ich zeige meine Angst!

Kommen Sie über ein Spiel oder ein Buch mit Ihrem Kind ins Gespräch über seine Angst.

Zunächst müssen Kinder lernen, ihre Ängste wahrzunehmen, zuzulassen und auszudrücken. Besonders im Spiel mit Gleichaltrigen können sie erfahren, dass sie mit ihrer Angst nicht allein dastehen, sondern dass jeder sich in bestimmten Situationen ängstigt. Dadurch erkennen sie, dass Ängste nicht nur normal, sondern auch sehr wichtig sind. Denn nur durch die Angst spüren wir, dass etwas nicht in Ordnung ist und dass wir etwas dagegen tun können und müssen. Das schließt auch die Erfahrung ein, dass Angstgefühle gut und richtig sind und sich niemand seiner Angstgefühle schämen muss.

Gerade interaktive Rollen- und Figurenspiele geben Kindern eine gute Möglichkeit, unterschiedlichste Angstgefühle „gefahrlos" auszudrücken und zu durchleben.

Viele Spiele aus dem Unterkapitel „Fangen, Krach machen und erschrecken – das Gruseln", siehe Seite 51 ff., können einen guten Einstieg zu einem Gespräch über Ängste bilden – hier wird es möglich, über Ängste zu sprechen, ohne sich zu blamieren und bloßzustellen. Achten Sie darauf, dass das Kind die Spannungen, die durch diese Spiele manchmal entstehen, wieder abbauen kann.

Daneben bieten Bücher und Geschichten, in denen es um Ängste geht, gute Einstiegshilfen, um zu einem Spiel oder einem Gespräch über Ängste zu gelangen und Zugang zum Kind zu finden. Oft haben Kinder ganz bestimmte Bücher, die sie immer wieder anschauen oder hören wollen, weil sie sich – mit ihren Ängsten – darin wiedererkennen.

Kinder, die erfahren haben, dass es normal ist, Angst zu haben, werden in einem nächsten Schritt lernen, auf ihre Angst zu hören, ihre Signale zu verstehen und sie auszudrücken. Wer Worte für persönliche Empfindungen findet, mit denen sie für andere nachvollziehbar werden, ermöglicht es Freunden und Erwachsenen, ihm beizustehen. Das sichere Wissen, dass sich jemand für ihre Probleme interessiert und sie ernst nimmt, hilft Kindern, sich zu öffnen.

Damit Kinder sich mit ihren Ängsten weniger allein fühlen, sollten erwachsene Bezugspersonen eigene Ängste nicht vor Kindern verbergen und geheim halten, sondern zu ihren Ängsten stehen – zumindest in Situationen, die Kinder verstehen können. Und sie sollten auch mit Kindern darüber sprechen, wie sie selbst versuchen, mit ihren Ängsten umzugehen und sie zu überwinden.

Das Kind muss erfahren, dass es Beistand erhält, wenn es lernt, seine Angst zum Ausdruck zu bringen.

Ich besiege meine Angst!

Wenn es das Kind geschafft hat, seine Angst auszudrücken und im Spiel auszuleben, braucht es als Nächstes Möglichkeiten und Angebote, damit umzugehen. Es benötigt Vorschläge und Antworten auf die Frage: „Wie kann ich meine Angst besiegen?"

Hier gilt es, dem Kind alternative Handlungsmuster im Spiel und im Gespräch anzubieten, es auf vielfältige Weise in seinem Selbstvertrauen zu fördern und es zu ermutigen, mit Schwierigkeiten selbst zurechtzukommen und eigenständig Problemlösungen zu finden.

Bleib bei mir! – Angst vor dem Alleinsein, Verlassenheitsangst und Trennungsangst

Ein Kind braucht Bezugspersonen, denen es sich fest zugehörig fühlt, um Urvertrauen entwickeln zu können.

Wohl kaum ein Mensch wird völlig ohne Verlassenheitsängste, insbesondere ohne Angst vor der Trennung von der wichtigsten Bezugsperson, meist der Mutter, aufgewachsen sein. Neugeborene können nur überleben, wenn sie von einem Erwachsenen liebevoll umsorgt werden. Dabei geht es nicht nur um die Befriedigung körperlicher Bedürfnisse, sondern auch um Zuwendung, Liebe und Geborgenheit. Ein kleines Kind kann niemals zu viel Wärme, Nähe und Zuwendung bekommen. Diese Liebe ist Voraussetzung, damit es sich zu einem stabilen Menschen entwickeln kann.

Die Zeit vom Säugling bis zum Kindergartenkind führt durch unterschiedliche Entwicklungsphasen, die häufig von ganz spezifischen Ängsten begleitet werden. Das so genannte *Fremdeln* ist allen Eltern ein Begriff:

Wird das Vertrauen des Kindes in die Verlässlichkeit der wichtigsten Bezugsperson in einem entscheidenden Entwicklungsstadium erschüttert, können diese Trennungserfahrungen noch lange Zeit nachwirken.

Zunächst lässt sich ein Baby von jedem beruhigen und trösten, aber ab etwa acht Monaten unterscheidet ein Kind zwischen fremden und vertrauten Personen und erkennt deutlich, woher Liebe, Schutz und Zuwendung kommen – es beginnt zu fremdeln. Für ein Kind in diesem Alter gibt es nichts Ängstigenderes als die Trennung von der Bezugsperson. Denn nun kann nicht mehr jeder die nötige Sicherheit bieten und das Kind trösten.

Der Phase des Fremdelns folgt fast unmittelbar ein weiterer schwieriger Entwicklungsschritt: Das Kind beginnt zu krabbeln und zu laufen – es tut im wahrsten Sinne des Wortes seine *ersten eigenen Schritte in die Welt*. Es beginnt sich von der Hand der Bezugsperson zu lösen und die Welt auf eigenen Beinen zu erkunden. Schritt für Schritt wagt es sich von den Eltern weg, braucht aber die absolute Sicherheit, beim leisesten Anflug von Angst schnell in die schützende Nähe der Bezugsperson zurückkehren zu können. Während dieser ersten ganz kleinen Trennungen wird dem Kind bewusst, wie schnell die Bezugsperson außer Reichweite kommen kann. Und so ist es nicht verwunderlich, dass das Kind gleichzeitig verstärkt darauf achtet, immer in der Nähe zu bleiben. Manchen Kindern genügt es, wenn eine vertraute Person in der Wohnung ist, andere geraten völlig in Panik, sobald die Bezugsperson das Zimmer verlässt. So schön diese Zeit für Mutter und Kind sein kann, so anstrengend ist sie oft

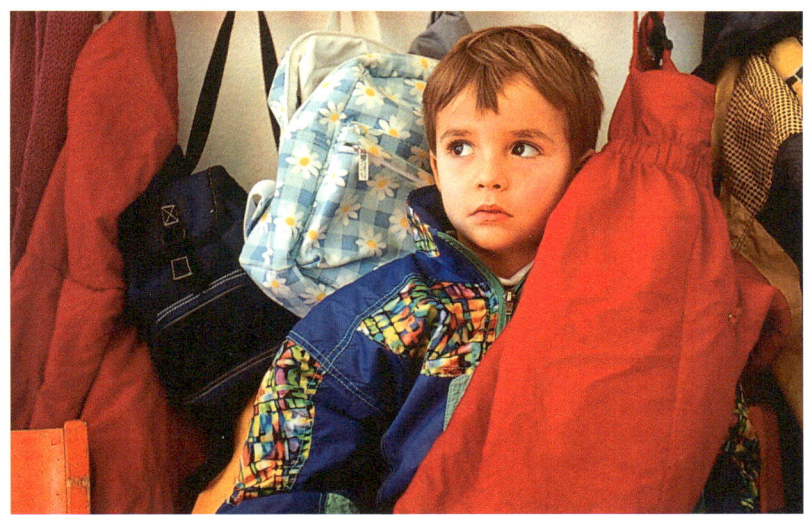

auch. Doch wenn das Kind Gereiztheit spürt, wird das Klammern oft noch schlimmer. Wird in dieser Phase eine Trennung erzwungen, bewirkt dies meist eine Verschärfung der Angst.

Den ersten Schritten folgt nach etwa zwei Jahren der *Kindergarteneintritt*. Ein Kind, das ohne traumatische Trennungserfahrungen aufgewachsen ist, wird sich normalerweise mit etwa drei Jahren ohne übergroße Angst für einige Zeit von der Hauptbezugsperson trennen und den Kindergarten besuchen können. Es wird im Vertrauen darauf nicht vergessen zu werden, Auf Wiedersehen sagen können, ohne Angst, dass die Beziehung zueinander durch die zeitweilige Trennung gefährdet ist.

Wie Eltern Trennungen erleichtern können

Eine schrittweise, allmähliche Loslösung hilft Trennungsängste und Angst vor dem Alleinsein zu überwinden. Spielerisch herbeigeführte kleine Trennungen und Vertrauensübungen können helfen, Ängste erst gar nicht entstehen zu lassen oder sie zu überwinden. Daneben machen Kinder bei vielen der ab Seite 63 beschriebenen Spiele die Erfahrung, dass sie Hilfe in Anspruch nehmen können und dürfen – das gibt zusätzliche Sicherheit. Auch wenn Kinder älter werden, ist es wichtig, eine schrittweise Loslösung zu ermöglichen. Die Trennungsphasen dauern anfangs ganz kurz und werden mit der Zeit länger.

Erklären Sie Ihrem Kind, was es tun kann, wenn es allein ist und die Angst kommt – z. B. telefonieren, zu den Nachbarn gehen usw.

Entwicklungsschritte und Krisen

Trennungsängste leben oft wieder auf, wenn ein Geschwisterchen geboren wird oder ein Krankenhausaufenthalt erforderlich ist.

Auch wenn ein Kind relativ eigenständig erschien, kann die Angst vor dem Alleinsein überraschend wieder auftreten. Ursache dafür können Entwicklungsschritte wie der Kindergarteneintritt sein oder Fortschritte im Denken eines Kindes, die ihm erst jetzt ermöglichen, sich vor Gefahren zu fürchten, die ihm früher nicht bewusst waren. Plötzlich sorgt sich das Kind z. B., der Mutter könne etwas passieren. Manchmal führen auch Veränderungen im sozialen Umfeld, etwa Streit, Trennung der Eltern, ein Umzug oder die Geburt eines Geschwisterkindes, zu neuen Trennungs- und Verlustängsten. In Krisenzeiten müssen sich Kinder mit beängstigenden Fragen auseinander setzen: Hat Papa uns verlassen, weil ich nie aufräume? Haben die Eltern das neue Baby, weil ich nicht brav war?

Nach einem Krankenhausaufenthalt leiden Kinder sehr häufig unter Trennungs- und Verlassenheitsängsten. Sie brauchen meist längere Zeit unbedingter Sicherheit, damit das Vertrauen in die Bezugspersonen wieder wachsen und sich stabilisieren kann. So wie Lazlo, der nach einem Schlittenunfall mehrere Wochen im Krankenhaus war. Tagelang spielte er zu Hause und im Kindergarten mit Lego- oder Playmobilfiguren den Unfall und den Krankenhausaufenthalt nach. Als das Spiel seltener wurde und schließlich ganz aufhörte, wussten Eltern und Erzieher, dass Lazlo seine Gefühle der Angst verarbeitet und im wahrsten Sinne des Wortes ausgespielt hatte.

Der Angst auf der Spur –
ich zeige meine Angst!

Floh geht in den Kindergarten

ab 3 *Handpuppenspiel*
Floh, der kleine Angsthase, soll in den Kindergarten gehen. Es fällt ihm schwer, sich von der Mutter zu trennen. Als die Hasenmama sich verabschiedet hat, beginnt der kleine Angsthase zu jammern, zu weinen oder er verkriecht sich. Können die Kinder Floh helfen und ihn beruhigen?
Kinder identifizieren sich mit Floh und versuchen ihn zu trösten. Die Überlegungen, wie sie Floh helfen können, leiten sie an, sich mit ihren eigenen Befürchtungen auseinander zu setzen und Lösungsmöglichkeiten kennen zu lernen.

Mitspieler:
ein Kind und mehr

Materialien:
Handpuppe

Gesprächsimpulse:
Wovor fürchtet sich Floh? Was macht ihm Angst?
Vielleicht flüstert Floh seine Befürchtungen einem Kind oder der Erzieherin ins Ohr und erlaubt, sie an die anderen weiterzusagen.
Jetzt können alle Kinder Hilfsangebote unterbreiten.
Oder Floh geht von Kind zu Kind und jedes Kind macht einen Vorschlag, was Floh helfen könnte.

Floh allein zu Haus

ab 5 *Handpuppenspiel*
Die Hasenmama möchte kurz einkaufen gehen. Floh hat keine Lust und er fühlt sich schon groß genug, um kurz allein bleiben zu können. Doch plötzlich fürchtet er sich schrecklich. War da nicht eben ein Geräusch in der Küche? Unter dem Schrank hat sich doch etwas bewegt – versteckt sich da etwa ein Krokodil? Ist da nicht auch ein schrecklicher Schatten an der Wand? Floh weiß nicht mehr, was er tun soll.

Mitspieler:
ein Kind und mehr

Materialien:
Handpuppe

Gesprächsimpulse:
Wie fühlt sich Floh? Was könnte er tun? Singen? Nachsehen? Schreien? Die Feuerwehr anrufen? Zur Nachbarin rennen? Floh probiert alle Vorschläge der Kinder aus.

Ich besiege meine Angst!

Kuckuckspiele

ab 0

ab 6 Monaten

Mitspieler:
ein Kind

Materialien:
ein Tuch

Babys lieben diese Spiele. Halten Sie sich zunächst für einen kurzen Moment ein Tuch vor das Gesicht und ziehen Sie es dann schnell wieder weg. Wenn Sie dazu sprechen, z. B: „Kuckuck – da!", oder: „Wo ist die Mama – da!", kann Ihr Kind Sie immer noch hören und wird sich nicht sehr ängstigen. Einer kurzen Phase der Spannung folgen schnell wieder Entspannung und Erleichterung.

Meist dauert es gar nicht lange, bis das Kind selbst Kuckuckspiele initiiert, indem es nach dem Tuch greift und sein Gesicht damit verdeckt. Jetzt können Sie das Tuch auch über das Gesicht des Kindes legen – es wird es schnell wieder herunterziehen.

Verstecken

ab 0 *ab 9 Monaten*

Sobald ein Kind krabbeln kann, können die Kuckuckspiele zu Versteckspielen ausgeweitet werden. Krabbeln Sie hinter einen Sessel oder ein Sofa und verstecken Sie sich für einen kurzen Moment, bevor Sie sich Ihrem Kind wieder zeigen. Ihr Kind wird Ihnen freudig folgen und sich schon bald selbst für einen kurzen Moment verstecken.

Mitspieler:
ein Kind

Materialien:
Sessel, Sofa …

Kleinkinder finden großen Spaß an kleinen, sich wiederholenden Versteckspielen. Sie erfahren dabei, dass die Bezugsperson auch dann noch da ist, wenn sie für einen kurzen Moment nicht zu sehen ist.

Wer kommt in mein Haus?

ab 1 Bewegen Sie sich im Garten oder während eines Spaziergangs ein paar Schritte vom Kind weg und wenden Sie sich ihm dann wieder zu. Während Sie die Arme ausbreiten, rufen Sie: „Wer kommt in mein Haus?" Ihr Kind wird freudig auf Sie zurennen und Sie können es in die Arme schließen und sich mit ihm im Kreis herum drehen. Dazu können Sie sagen: „Der … kommt zu mir her, ich liebe ihn so sehr!", oder: „Mein Kind kommt zu mir her, da freue ich mich sehr." Wenn das Kind schon etwas mutiger ist, wird es Sie vielleicht manchmal necken und an Ihren Armen vorbeirennen. Es freut sich dann umso mehr, wenn Sie ihm folgen und es wieder einfangen.

Mitspieler:
ein Kind

Materialien:
keine

Falls sich Ihr Kind zunächst sehr ängstigt, wenn Sie sich von ihm wegbewegen, können Sie rückwärts gehen, damit es den Blickkontakt zu Ihnen nicht verliert.

Licht am Ende des Tunnels

Mitspieler:
ein Kind und mehr

Materialien:
Kriechtunnel, evtl. selbst
gebaut, indem Stühle und
Tische hintereinander aufgestellt und mit Tüchern
abgehängt werden

ab 0   *ab 9 Monaten*
Viele Kinder müssen zunächst ihre anfängliche Scheu überwinden, bevor sie sich durch den Tunnel wagen. Wurde die Angst
erst einmal überwunden, haben die meisten Kinder großen Spaß
daran. Sie genießen die kurze Trennung, mit dem sicheren Wissen,
gleich wieder von der Mutter in die Arme geschlossen zu werden.
Zuerst ist der Tunnel ganz kurz und es wird darauf geachtet, dass
das Kind immer Blickkontakt halten kann. Dazu kniet ein Elternteil
am Anfang, der andere Elternteil am Ende des Tunnels. Mit zuneh-
mender Sicherheit des Kindes kann der Tunnel verlängert oder auch
einmal um eine Kurve gelegt werden, sodass kein ständiger Blickkontakt mehr möglich ist. Ganz mutige Kinder wagen sich sogar in
den Tunnel, wenn der Ausgang mit einem Tuch abgehängt wurde.

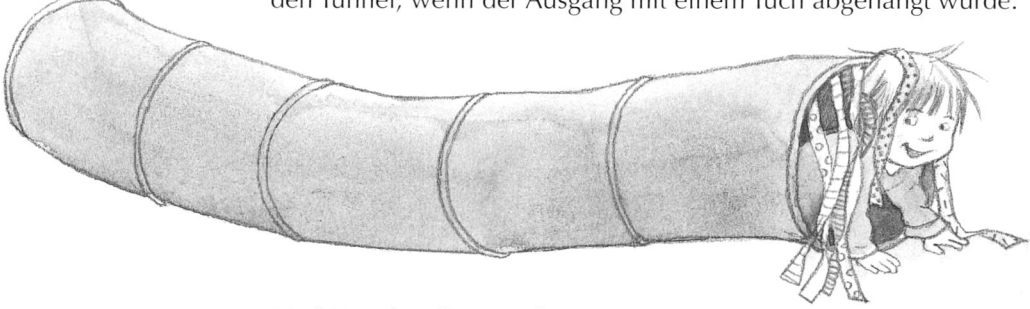

Verhängnisvolle Durchgänge

Mitspieler:
ein Kind und mehr

Materialien:
Tücher oder Stoffstreifen,
evtl. Kriechtunnel

ab 1   Verhängen Sie den Ausgang eines Kriechtunnels doch einmal
mit einem Tuch oder bunten Stoffstreifen. Es ist viel Mut nötig,
sich trotzdem in den nun dunklen Tunnel zu wagen. Aber wenn Sie
Ihr Kind auf der anderen Seite erwarten und es ermuntern, wird es
Vertrauen haben und das mulmige Gefühl sicher schnell überwinden.

Variation:
Für ältere Kinder können Sie auch einmal Tücher oder Stoffstreifen
an einem Türdurchgang oder an der Decke anbringen.
Wenn die Kinder sich durch die Tücher und Vorhänge wagen, wissen
sie nicht, was sie auf der anderen Seite erwartet, und sie werden für
kurze Zeit ihrer Orientierung und freien Sicht beraubt. Außerdem
fühlt es sich spannend an, beim Durchgehen von den Stoffstreifen
sanft berührt zu werden – eine schöne Anregung für die Sinne.

Trennungswecker und Kindergartenuhr

Ritual

ab 3 Stellen Sie zusammen mit den Kindern eine Pappuhr her, indem Sie auf eine Pappscheibe ein Ziffernblatt malen und die Zeiger mit einer Versandtaschenklammer befestigen.

Bevor Sie Ihr Kind für kurze Zeit allein lassen, z. B. um im Keller Wäsche aufzuhängen oder eine kleine Besorgung zu machen, markieren Sie mit dem Stift auf einer Uhr die Zeigerposition Ihrer Rückkehr oder Sie stellen einen Küchenwecker. So kann das Kind auf der Uhr verfolgen, wie die Zeit verstreicht, bis Sie zurückkommen. Es bekommt das Gefühl, die Zeit kontrollieren zu können. Bleiben Sie zu Anfang nur ganz kurz weg. Am besten sind Sie schon wieder da, bevor die Zeit verstrichen ist. Sie können die Zeit Ihrer Rückkehr auch auf der gebastelten Pappuhr einstellen. Das Kind vergleicht dann die Zeigerposition auf der Pappuhr mit den Zeigern auf der richtigen Uhr.

Mitspieler:
ein Kind und mehr

Materialien:
ein Wecker, ein wasserlöslicher Stift oder eine Uhr und eine selbst gefertigte Pappuhr

Setzen Sie den Trennungswecker bei jüngeren Kindern zunächst nur ein, um das Zimmer für kurze Zeit zu verlassen. Später können Sie solche Hilfsmittel auch einsetzen, wenn Ihr Kind zum ersten Mal den Kindergarten besucht.

Du blöde Mama! –
Konflikte lösen Ängste aus

Je selbstständiger und aktiver Kinder werden, je mehr sie sich als eigenständige Person mit eigenem Willen erleben, desto häufiger kommt es auch zu Konflikten mit der Bezugsperson. Und plötzlich befindet sich das Kind mitten in einer Entwicklungsphase, die uns allen als Trotzphase geläufig ist.

Der kindliche Widerstand führt in dieser Entwicklungsphase zu Konflikten, durch die beim Kind Zweifel und damit Ängste entstehen können, ob es sich der ständigen Zuwendung auch wirklich sicher sein kann, oder ob es damit rechnen muss, zur „Strafe" verlassen zu werden. Diese Ängste sind völlig normal und treten oft nachts auf – das Kind wacht auf und muss sich vergewissern, ob die Eltern auch wirklich noch da sind. Diese Ängste werden deutlich verstärkt, wenn die Bezugspersonen auf den kindlichen Widerstand und die Kraftproben mit Liebesentzug reagieren. Verschärfend kann in diesem Alter das magische Denken des Kindes wirken. Es wünscht sich in Konfliktsituationen verständlicherweise, dass die es einschränkende Bezugsperson aus dem Weg ist. Es ist von Rachegedanken erfüllt. Infolge seines magischen Denkens muss es nun befürchten, seine bösen Wünsche könnten sich erfüllen. Nur die Gegenwart der Bezugsperson versichert ihm, dass ihr die bösen Wünsche nichts anhaben können. Aus diesem Grund kann das Kind eine Trennung kaum ertragen.

Wichtig ist, dass die Eltern gelassen auf die Wut des Kindes reagieren und es nicht mit Liebesentzug strafen.

Häufig reagieren Kinder ihre Wut über Versagungen spielerisch ab – da werden stellvertretend Puppen und andere Spielfiguren verhauen, manchmal sogar getötet, da werden Fantasiegeschichten erfunden usw. Auf diese Weise findet das Kind spielerisch wieder zu seinem inneren Gleichgewicht.

Der Angst auf der Spur –
ich zeige meine Angst!

Floh ist wütend

`ab 4` *Handpuppenspiel*
Verschiedene typische Situationen, die wir alle aus der Trotzphase kennen, können nachgespielt werden, z. B.:

- Floh möchte beim Einkaufen eine Süßigkeit oder ein Spielzeug
  und bekommt es nicht.
- Floh möchte in Nachbars Garten oder auf die Straße –
  aber das ist verboten …

Ständig macht Floh die Erfahrung, dass er an Grenzen stößt, die
Erwachsene vorgeben. Er wird wütend und trotzig, brüllt und schreit
und schlägt um sich; er stampft und wirft sich auf den Boden, bom-
bardiert den Erwachsenen mit Schimpfwörtern usw. Und er erlebt,
dass die Erwachsenen nicht unbedingt nachgeben, dass sie seine
Reaktionen nicht gutheißen, aber Verständnis dafür haben und ihn
trotzdem lieben. Sie sagen z. B.: „Ich weiß, dass du jetzt schrecklich
wütend bist. Du kannst deine Wut ruhig herausschreien, aber du
darfst nicht nach mir schlagen." Und wenn Floh sich beruhigt hat:
„Komm, lass uns wieder gut miteinander sein! Sollen wir zusammen
etwas spielen?"

Mitspieler:
ein Kind und mehr

Materialien:
Handpuppe Floh, diverses
Zubehör

Floh darf seine Wut zeigen
und wird trotzdem von der
Mutter in den Arm genom-
men. Dadurch wird Kindern
vermittelt, dass Wut und
Konflikte zum Leben gehören
und einer guten Beziehung
nichts anhaben.

Ich besiege meine Angst!

Wo die wilden Kerle wohnen

`ab 5` *Rollenspiel*
Lesen und betrachten Sie mit den Kindern gemeinsam das
Buch.

Gesprächsimpulse:
Wie fühlt sich Max? Warst du auch schon einmal so wütend und
zornig? Was hast du dann getan? Was haben deine Mutter und dein
Vater gesagt oder getan?

Die Kinder spielen dann die Geschichte mit wechselnden Rollen
nach.

Mitspieler:
ein Kind und mehr

Materialien:
Buch „Wo die wilden Kerle
wohnen" von Maurice
Sendak (Diogenes Verlag),
Verkleidungsutensilien,
Krachinstrumente, wie Töpfe,
Kochlöffel …

Ich geh nur mit dir ins Bett! – Angst vor der Dunkelheit und Schlafprobleme

Angst vor Dunkelheit wird leicht verständlich, wenn wir uns klar machen, wie sehr sich unsere Umgebung in der Dunkelheit verändert. Da wirkt der Schrank plötzlich wie ein Riese, der flatternde Vorhang sieht aus wie ein Gespenst, der Pulli auf dem Kleiderbügel verwandelt sich in einen menschlichen Körper und die Orientierung fällt schwer.

Viele Schlafprobleme sind ein „Nebenprodukt" der kindlichen Entwicklung und gehen einher mit Umstellungsproblemen und damit verbundenen Ängsten.

Schlafprobleme kommen und gehen mit verschiedenen Entwicklungsphasen von Kindern, ohne dass ein besonderer Grund dafür erkennbar wäre. Angst vor Dunkelheit, Geistern und Ungeheuern hat nicht selten auch mit zornigen und wütenden Gefühlen eines Kindes zu tun, die es selbst als böse erlebt (siehe „Du blöde Mama!", Seite 68).

Unterschieden werden kann zwischen Zubettgehproblemen, Einschlaf- und Durchschlafschwierigkeiten. Durchschlafprobleme treten meist bei jüngeren Kindern auf und verringern sich im Lauf der Entwicklung, während Zubettgeh- und Einschlafschwierigkeiten mit zunehmendem Alter eher verstärkt auftreten.

Wichtig kann es sein, zwei Phänomene zu unterscheiden – den Nachtschreck und Albträume. Der so genannte Nachtschreck tritt meist am Anfang der Nacht auf und wird oft mit Albträumen verwechselt. Das Kind schreit laut auf und wirkt extrem angstvoll und erregt. Es ist kaum ansprechbar. Es schläft bald wieder ein und kann sich am nächsten Morgen in der Regel an nichts mehr erinnern. Am häufigsten tritt der Nachtschreck zwischen dem sechsten und zehnten Lebensjahr auf.

Albträume treten eher gegen Ende der Nacht auf. Das Kind schreckt aus dem Traum hoch und erinnert sich noch an seine Traumerlebnisse. Es wirkt weniger verwirrt und ist ansprechbar und gut zu beruhigen, auch wenn es einen sehr verängstigten Eindruck machen kann. Albträume kommen besonders häufig zwischen dem vierten und sechsten Lebensjahr vor, also in einem Alter, in dem Kinder viel Ängstigendes zu verarbeiten haben. Im Vergleich zum Nachtschreck lässt sich beim Albtraum eher eine Beziehung zu Stress und Ängsten am Tag erkennen.

Der Angst auf der Spur – ich zeige meine Angst!

Dunkelheit macht den meisten Kindern Angst oder verursacht zumindest ein unheimliches Gefühl. Wenn sie wissen, dass sie nicht allein sind, kann das Spiel im Dunkeln aber auch spannend und zugleich gruselig schön sein. Die folgenden Spiele bieten die Möglichkeit, „im Dunkeln zu munkeln". Spannende Erlebnisse in der Dunkelheit schaffen zudem unzählige Anlässe, über Ängste in der Nacht ins Gespräch zu kommen.

Kinder, die von nächtlichen Ängsten und Albträumen geplagt werden, brauchen ein Gefühl der Geborgenheit und Sicherheit durch körperliche Nähe.

Schrecken der Nacht – Angstwürfelspiel

ab 5 Auf die Pappe oder das Papier wird ein Spielfeld in Form einer Spirale gezeichnet. Die Spirale wird in einzelne Felder unterteilt, in die Symbole für ängstigende Erscheinungen in der Dunkelheit gemalt werden. Hierzu bringen die Kinder ihre eigenen Ideen ein, z. B. ein großer Hund, eine Spinne, ein Gespenst, Blitze, ein Symbol für laute Geräusche.
Die Kinder würfeln reihum und ziehen entsprechend der gewürfelten Augenzahl vorwärts. Sie beschreiben, welche Situation oder welche unheimliche Erscheinung das Feld darstellt, auf dem sie gelandet sind. Nun können sie entweder erzählen, ob sie selbst schon einmal in dieser Situation waren, oder sie machen Vorschläge, was sie in dieser Lage tun würden, um die Angst zu überwinden.

Mitspieler:
zwei Spieler und mehr

Materialien:
festes Papier oder Pappe,
etwa 30 x 30 cm groß,
Stifte, Zahlenwürfel, Kegel
für jeden Mitspieler

Hinweis:
Natürlich können in die Felder auch Symbole für andere angstbesetzte Situationen gemalt werden: ein Stethoskop für einen Arztbesuch, ein Ungeheuer, zwei Erwachsene, die sich zanken, ein Kind allein im Wald usw.

Unheimlich still

Mitspieler:
zwei Kinder und mehr

Materialien:
evtl. ein paar Gegenstände, um Geräusche zu machen, z. B. zwei Löffel, ein Blatt Papier …

Kinder, denen die Spannung zu groß wird, beginnen oft sich zu räuspern oder zu kichern – das sollten wir zulassen, weil es dem Spannungsabbau dient.

`ab 4` Alle sitzen gemeinsam in einem Raum; die Rollläden werden heruntergelassen, sodass es ganz dunkel ist. Wir reden nicht mehr und versuchen ganz still zu sein. Wir hören einander atmen und nehmen die leiseste Bewegung wahr.

Gesprächsimpulse:
Klingen die Geräusche in der Dunkelheit genau wie am Tag? Hören wir überhaupt alle Geräusche, wenn es hell ist?

Weiterführende Spielidee:
Wir bekommen Besuch von verschiedenen lustigen Geistern. Zur Einstimmung könnten wir folgenden Reim sprechen:
Still, still, still,
weil mein Geist das will.
Kein Geräusch gemacht,
nicht einmal gelacht.
Es muss ganz leise sein,
dann traut sich mein Geist herein!
Entweder hat jedes Kind ein paar Gegenstände bekommen, mit denen es Geräusche erzeugen kann, oder der Spielleiter macht die verschiedenen „Geister-Geräusche". Der Badewannengeist plätschert in einer Wasserschüssel, der Küchengeist klopft mit einem Löffel an einen Teller, der Blättergeist raschelt mit ein paar Blättern, der Zeitungsgeist knüllt mit Papier usw. Die Kinder sollen genau hinhören und raten, welcher Geist da gerade zu Besuch kommt. Wer kann sich, wenn es wieder hell wird, noch erinnern, welche Geister da waren?

Mondscheinwanderung

Mitspieler:
zwei Kinder und mehr

Materialien:
ein langes Seil, evtl. für die Variation ein paar gruselige Gegenstände, z. B. ein Hähnchenknochen, eine Glibberschlange …

`ab 6` Das Seil wird an verschiedenen Stellen, z. B. an Bäumen und Sträuchern, festgebunden.
Ein Kind wird zum Start geführt und soll sich tastend am Seil entlang seinen Weg suchen. Ist das Kind am Ende angekommen, macht sich das nächste Kind auf den Weg. Besonders spannend wird es, wenn die Kinder barfuß gehen und der Weg über Moos, einige Steinchen, Sägemehl, einen nassen Schwamm u. Ä. führt. Manches fühlt sich wirklich unheimlich an!

Variation für mutige Kinder:
An dem Seil werden „grauenvolle" Dinge befestigt, etwa ein Hähn-
chenknochen, eine haarige Spinne, ein nasser Lappen, ein Gummi-
Glibbertier.

Nachtgeräusche – Grusellaute

 Zunächst machen wir mit den Kindern eine Nachtwanderung
und sprechen mit ihnen über ihre Erlebnisse.

Gesprächsimpulse:
Gab es Momente, die unheimlich waren – bestimmte Geräusche,
Bewegungen …? Warum erschreckt uns das Geräusch eines brechen-
den Astes? Kann das Gefahr bedeuten?
Dann werden die Geräusche nachgeahmt, die bei der Wanderung
zu hören waren. Da erklingt ein gespenstischer Eulenruf, das Zirpen
einer Grille, das Heulen eines Hundes – oder war es vielleicht ein
Wolf? Dazwischen ertönt ein Schlüsselrasseln oder Gläserklirren.
Nasse Finger, die über einen Glasrand gerieben werden, tönen
schauerlich, ebenso wenn in einen Flaschenhals geblasen oder auf
einem Grashalm gepfiffen wird. Wer einen festen Karton in beiden
Händen hält und kräftig auf und ab schwingt, erzeugt ein heftiges
Donnergeräusch. Reiskörner und Bohnen, die auf ein Backblech
oder eine umgedrehte Kuchenform fallen, klingen wie Regen oder
Hagel.
Wer Angst hat, darf lautstark um Ruhe bitten, dann müssen die
Geräuschemacher sofort aufhören. Oder ängstliche Kinder suchen
sich einen Partner, bei dem sie sich stärker und sicherer fühlen.

*Achten Sie immer darauf,
dass bei den Spielen keine
Verletzungsgefahr besteht!*

**Mitspieler:
ein Kind und mehr**

**Materialien:
evtl. verschiedene Gegen-
stände, mit denen Nacht-
geräusche nachgeahmt und
Grusellaute erzeugt werden
können**

*Eine Mondscheinwanderung
ist nachts natürlich besonders
spannend. Sie kann aber
auch am Tag mit verbunde-
nen Augen stattfinden.*

Ich besiege meine Angst!

Gute-Nacht-Rituale sind sehr hilfreich gegen abendliche Ängste (siehe Seite 48). Auch Massagen und Entspannungsgeschichten erleichtern den Übergang vom Tag zur Nacht.

Für Kinder, die sich in der Dunkelheit fürchten, kann die einen Spaltbreit geöffnete Tür ebenso hilfreich sein wie ein kleines Nachtlicht. Vielen Kindern hilft es schon, über ihre Ängste zu sprechen und die Ursachen Angst auslösender „Erscheinungen" zu durchschauen. Daneben sollten sie immer die Möglichkeit haben, zu ihren Eltern zu kommen und bei ihnen Schutz und Geborgenheit zu finden. Für Spiele gegen die Angst vor nächtlichen „Ungeheuern" finden Sie im Folgenden Anregungen.

Schutzengel

Mitspieler:
ein Kind

Materialien:
Schutzengelfigur oder Bastelmaterial, um einen Schutzengel selbst herstellen zu können

ab 1 *Magischer Helfer*
Eine Schutzengelfigur bietet vielen Kindern schnelle und wirksame Hilfe. Sie können eine Figur kaufen oder mit dem Kind einen ganz persönlichen Schutzengel selbst herstellen. Überlegen Sie gemeinsam, wie der Schutzengel aussehen soll. Hat er ein freundliches Gesicht, Flügel, goldene Haare, ein langes Gewand …? Der Schutzengel wird auf Pappe oder Tonpapier gezeichnet und ganz nach den Vorstellungen des Kindes bemalt und beklebt. Man kann ihn mit einem Faden an der Zimmerdecke aufhängen oder ans Bett kleben – so ist er immer in der Nähe.

Das kleine Nachtgespenst

ab 4

Puppenspiel / Magischer Helfer

Mit der Zackenschere aus dem Stoffrest ein etwa 25 bis 30 cm großes Quadrat ausschneiden. Den Stoff um die Styroporkugel (oder zu einer Kugel geknülltes Zeitungspapier) legen und mit Wolle den Kopf abbinden. Das Gesicht bemalen. An zwei gegenüberliegenden Ecken Fäden anknoten und den Geist damit am Rundstab festbinden. Zusätzlich einen Faden am Kopf anbringen und ebenfalls am Rundstab festbinden.

Jetzt kann das kleine Nachtgespenst lustig tanzen und für ein kleines Theaterspiel verwendet werden, z. B. nach einer Geschichte. Die Kinder können ihr Nachtgespenst im Kinderzimmer aufhängen. Vielleicht möchten sie auch folgenden Reim sprechen:

Mitspieler:
ein Kind und mehr

Materialien:
Stoffreste oder Stofftaschentuch, evtl. Styroporkugel oder Zeitungspapier, Faden, Wolle, Nadel, Filzstifte bzw. Stoffmalfarbe, Rundholz, Faden, evtl. Zackenschere

> *Gespenster tanzen durch die Nacht,*
> *wiegen sich im Mondlicht sacht.*
> *Sie huschen durch die Dunkelheit*
> *und sind zu jedem Spaß bereit.*
> *Doch kommen sie zu dir herein,*
> *wolln sie deine Freunde sein!*

Gespensterspray

ab 3

Magischer Helfer

Wenn Ihr Kind sich in der Dunkelheit vor Gespenstern fürchtet, können Sie ihm ein garantiert wirksames Gespensterspray anbieten. Füllen Sie die Sprayflasche mit Wasser, evtl. mit ein paar Tropfen Duftöl versetzt, und erklären Sie dem Kind, dass mit diesem Spray alle Ungeheuer vernichtet werden. Wenn Sie Duftöl beigefügt haben, können Sie auch erklären, dass die nächtlichen Störenfriede sofort flüchten, weil sie das Spray am Geruch erkennen und es so sehr fürchten.

Sie können schon beim Zubettgehen vorsorglich sprühen oder das Kind kann das Spray jederzeit im Notfall einsetzen.

Mitspieler:
ein Kind und mehr

Materialien:
Zerstäuberflasche

Zauberlampe

Mitspieler:
ein Kind und mehr

Materialien:
Taschenlampe

ab 3 Magischer Helfer

Ähnlich wie das Gespensterspray funktioniert auch die Zauberlampe. Geister, Gespenster und Ungeheuer scheuen das Licht. Das Kind braucht also nur das Licht der Zauberlampe anzuknipsen, und schon kann es die Störenfriede vertreiben.

Die Sonne ist müde – wenn es dunkel wird

Mitspieler:
ein Kind und mehr

Materialien:
keine

ab 3 Zur folgenden Geschichte lassen wir es nach und nach am helllichten Tag dunkel werden – so, wie es das Kind gerade noch ertragen kann.

Seit Tagen scheint die Sonne. Überallhin schickt sie ihre Strahlen, damit es hell und warm wird: in unser Dorf und auf die Wiesen, Felder und Wälder darum herum, in unseren Garten, ja sogar in unser Haus. Obwohl die Sonne nachts ein wenig ausruhen kann, ist sie heute ganz besonders müde von ihrer Arbeit. Am liebsten würde sie jetzt eine kleine Pause machen, um später wieder umso heller und schöner scheinen zu können. Wir wollen der Sonne ein wenig helfen. Für ein paar Minuten muss sie wenigstens unser Zimmer oder das ganze Haus nicht mehr erhellen. Komm, wir lassen es nach und nach ein wenig dunkler werden. Erst ziehen wir die Vorhänge zu, dann lassen wir die Rollläden herunter. Wir wollen einmal sehen, was sich in der Dämmerung und in der Dunkelheit alles verändert und doch gleich bleibt. Obwohl wir vieles nicht mehr gut sehen können und manches ganz anders aussieht als sonst, bleibt doch alles gleich und an seinem Platz. Genauso ist es nachts, wenn wir Menschen und die Tiere ausruhen und schlafen. Wenn wir nachts doch einmal etwas sehen wollen, schalten wir einfach das Licht an, und schon können wir vieles wieder besser erkennen. Doch richtig schön hell wird es erst, wenn die Sonne wieder scheint, deshalb wollen wir nun schnell Vorhänge und Rollläden wieder öffnen.

Gehen Sie gemeinsam mit dem Kind durch ein vertrautes Zimmer und verdunkeln Sie nach und nach alles, sodass am Schluss nur noch ein ganz schwaches Dämmerlicht bleibt. Später können Sie das Spiel auf die ganze Wohnung bis in den Keller ausdehnen. Betrachten und untersuchen Sie alles ganz genau, damit das Kind erfährt, dass alles an seinem Platz bleibt und sich nichts wirklich verändert.

Durch die Geister-Krabbelbahn in dunkle Höhlen

ab 4   Die Kartons werden mit den Öffnungen so aneinander geklebt, dass ein Gang entsteht. Wer mag, kann den Gang in dunklen Höhlen aus Stühlen oder Tischen, die mit Decken verhängt werden, enden lassen. Die Kinder können die Geister-Krabbelbahn mit Hilfe eines Erwachsenen selbst herstellen, dann wagen sie sich auch eher hinein.

Die Kinder können sich allein oder auch in Begleitung eines Freundes in die Geisterbahn wagen. Wer mag, kann eine Taschenlampe mitnehmen. In den dunklen Höhlen kann nicht nur gespielt werden, hier macht es auch Spaß, schaurige Geschichten zu erzählen, der Fantasie freien Lauf zu lassen und sich über ängstliche Gefühle auszutauschen.

Mitspieler:
ein Kind und mehr

Materialien:
große Kartons, Klebeband, Tische, Stühle und Decken, Taschenlampen

In die Krabbelbahn können zusätzlich noch unheimliche Dinge gelegt werden, etwa Gummitiere, Fellreste …

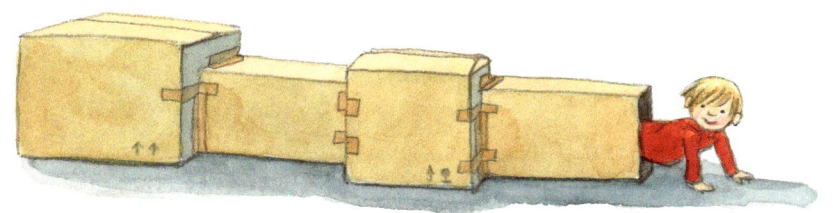

Bilder in der Dunkelheit

ab 4   Selbst für Kinder, die sich in der Dunkelheit fürchten, kann ein nächtlicher Spaziergang ein tolles Erlebnis werden, wenn sie sich an der Hand eines Erwachsenen sicher und gut behütet fühlen. Mit einer Taschenlampe in der Hand ist die Dunkelheit gleich nicht mehr ganz so unheimlich. Wer mag, kann mit der Taschenlampe Lichtbilder in die Luft oder an eine Hauswand malen. Wer erraten kann, worum es sich handelt, darf das nächste Lichtbild malen. Die Konzentration auf die Lichtbilder hilft, die Angst zu vergessen. Wer sich lieber wieder ein wenig gruseln möchte, kann mit den Nachtgespenstern (Rüben- und Kürbisgeister, siehe Seite 78) wieder Spannung ins Spiel bringen.

Mitspieler:
ein Kind und mehr

Materialien:
Taschenlampen

Auf der Suche nach Licht(gestalten)

Mitspieler:
ein Kind und mehr

Materialien:
**eine oder mehrere Taschen-
lampen**

ab 4 Der Spielleiter versteckt im Garten eine oder mehrere Taschenlampen. Sobald es richtig dunkel ist, gehen alle zusammen hinaus und versuchen, die Taschenlampen zu finden. Wer eine Taschenlampe findet, knipst sie an und kann seinen Freunden bei der weiteren Suche behilflich sein.

Rüben- und Kürbisgeister

Mitspieler:
ein Kind und mehr

Materialien:
**Rüben oder Kürbisse, Filz-
stift, Messer, Löffel, evtl.
kleine Nägel oder Reißnägel,
Wolle oder Stoffreste, Teelichter**

*Durch die Herstellung von
Gespenstern und Ungeheu-
ern und die spielerische Beschäftigung damit bekommen
Schreckgestalten im wahrsten
Sinne des Wortes ein Gesicht
und Ängste können abgebaut
werden.*

ab 4 Von der Rübe oder dem Kürbis wird oben ein Deckel abgeschnitten und mit dem Löffel ausgehöhlt – er wird später als Hut verwendet. Der Boden wird gerade geschnitten, damit der Geist gut steht. Die ganze Rübe oder der Kürbis wird ausgehöhlt, Augen, Nase und Mund aufgemalt und mit einem Messer ausgeschnitten. Dann können an dem Geist mit kleinen Nägeln oder Reißnägeln Haare aus Wolle oder Stoffresten angebracht werden. Der Geist wird bei Dunkelheit über ein angezündetes Teelicht gestellt und der Hut aufgesetzt – fertig!

Variation im Winter: Schneegeister
Figuren aus Schnee mit einem Hohlraum bauen, in den Teelichter gestellt werden können.

Grusellaterne

ab 5 Wer sich nachts richtig gruseln möchte, braucht unbedingt eine Grusellaterne. Dazu wird in den Karton ein schauriges Gespenster- oder Monstergesicht geschnitten. Es kann sogar auf jeder Seite ein anderes Gesicht oder eine andere Fratze gestaltet werden. Die Ausschnitte werden mit Transparentpapier hinterklebt. Zuletzt wird eine Kerze oder eine Taschenlampe in die Grusellaterne gestellt. Ein Gruselumzug mit Laternen, Rübengeistern oder Taschenlampen kann spannend und aufregend sein.

Mitspieler:
ein Kind und mehr

Materialien:
ein großer Schuhkarton oder eine andere Schachtel, Messer und Schere, Transparentpapier, Klebstoff, eine Kerze oder eine Taschenlampe

Kellergeister

ab 5 Der Spielleiter oder ein mutiges Kind hat im Keller ein paar „Kellergeister", also kleine Stoffgespenster, versteckt. Jedes Kind macht sich nun mit einer Taschenlampe bewaffnet im Dunkeln auf die Suche nach den Kellergeistern. Wer kann alle Kellergeister entdecken?
Entweder berühren die Kinder die Kellergeister nicht und merken sich nur, wo sie sitzen, oder jeder versucht so schnell als möglich die meisten Kellergeister zu finden und an sich zu nehmen.

Mitspieler:
drei Kinder und mehr

Materialien:
fünf bis zehn selbst gebastelte Flattergeister (siehe „Das kleine Nachtgespenst", Seite 75), ersatzweise Kuscheltiere, Taschenlampen

Im Klo sitzt ein Wolf! – Angst vor Fantasiegestalten und Ungeheuern

Ein Kind kann viele Zusammenhänge noch nicht erkennen und sucht nach eigenen Erklärungen. Und so hält es seine Vorstellungen für die Wirklichkeit. Daher erscheinen viele Kinderängste wenig verständlich.

Fast jedes Kind erlebt eine Phase, in der die Fantasie es zu unglaublichen, ängstigenden Vorstellungen führt. Es erlebt faszinierende Dinge, die es sich nicht erklären kann: Im Staubsauger verschwinden auf unerklärliche Weise kleine Dinge – kann dieses Ungeheuer etwa auch Menschen verschlucken? Eine riesige Menge Wasser und ein kleines Stück Seife verschwinden im Abfluss und die eigenen Ausscheidungen in der Toilette – wer sitzt da drin und holt das alles? Kann er auch mich holen?

Bis zum Alter von vier bis fünf Jahren kann das Kind viele Zusammenhänge noch nicht verstehen und findet in seiner Fantasie eigene Erklärungen. Dabei stellt sich immer wieder die Frage, ob es Ungeheuer, Geister, Hexen und Gespenster gibt. Auf diese Weise kann plötzlich die eigene Fantasie ein Kind in Angst und Schrecken versetzen. Mit fünf bis acht Jahren vermischen Kinder noch häufig Fantasievorstellungen und Realität. Die dadurch entstehenden Fantasieängste lassen sich nicht selten am Tag durch Nachfragen entschärfen, treten aber nachts besonders heftig auf.

Daneben haben Erwachsene schon immer versucht, Kinder mit Hilfe von Schreckgestalten zu gewissen Tugenden anzuhalten oder sie vor Schlimmem zu bewahren. Manche dieser Schreckgestalten haben eine lange Tradition. Mancher kennt vielleicht noch den Buhmann oder Bullemann, der abends die holt, die nicht rechtzeitig nach Haus gehen. Und diese heimlichen Miterzieher sind auch heute noch nicht ausgestorben. Wenn Kindern z. B. mit dem Nikolaus oder Knecht Ruprecht gedroht wird, verkommt die heilige Figur des Bischof Nikolaus schnell zum Erziehungshelfer, der ängstigend wirkt. Das Christkind und der Weihnachtsmann – so drohen manche Eltern ihren Kinder – sehen alles und verweigern die Geschenke, wenn das Kind nicht folgsam ist.

Und nicht zuletzt liefert auch das Fernsehen Bilder, um der Angst ein Gesicht zu geben. Beim Fernsehen kann ein Kind noch nicht zwischen Wirklichkeit und erfundenen Geschichten unterscheiden; es ist deshalb in besonderer Weise gefährdet, Fantasie und Wirklichkeit zu vermischen und von Ängsten, die dadurch entstehen, geplagt zu werden.

Ängste, die durch Fantasiegestalten und Ungeheuer entstehen, stehen häufig in einem engen Zusammenhang mit nächtlichen Ängsten, Angst vor der Dunkelheit und Schlafproblemen. Viele der folgenden Anregungen eignen sich deshalb auch bei Ängsten, die in der Dunkelheit auftauchen. Daneben finden Sie unter „Selbsterfahrungsspiele" (siehe Seite 42 ff.) und „Fangen, Krach machen und erschrecken – das Gruseln" (siehe Seite 51 ff.) Anregungen, um diesen Ängsten auf die Spur zu kommen.

Auf die gleiche Weise wie ängstigende Gestalten dem magischen Denken des Kindes entsprechen, können Schutzengel und Glücksbringer bei der Überwindung von Ängsten helfen.

Der Angst auf der Spur – ich zeige meine Angst!

Floh und das Schattenmonster

ab 4 *Handpuppenspiel*
Floh fürchtet sich in seinem dunklen Zimmer – er sieht schreckliche Gestalten oder Schatten an der Wand, die mit harmlosen Gegenständen erzeugt werden. Was raten ihm die Kinder? Was kann Floh tun ?
Die Kinder bieten unterschiedliche Lösungsvorschläge an: das Licht anschalten, um Hilfe rufen, zu Mama laufen … Floh probiert alles aus – was hilft, was hilft nicht und warum?

Mitspieler:
ein Kind und mehr

Materialien:
Handpuppe, eine Haarbürste unter einem Taschentuch oder ein ähnlicher Gegenstand, der unheimliche Schatten werfen kann

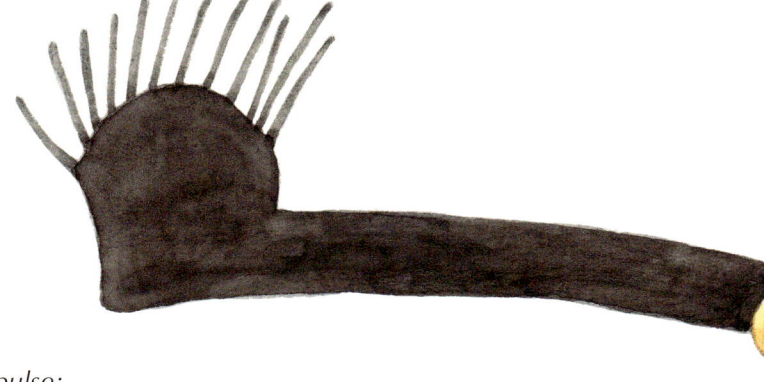

Gesprächsimpulse:
Warum fürchtet sich Floh? Ist es dir auch schon einmal so ergangen? Meist berichten die Kinder von ihren eigenen Erfahrungen. Das Spiel „Schattenwesen – Schattenschreck" (siehe Seite 85) könnte sich anschließen.

Flaschendrehen

Mitspieler:
drei Spieler und mehr

Materialien:
eine Flasche

Bei dieser Spielform können auch andere Situationen besprochen werden, in denen die Kinder Angst hatten, z. B.: Als ich meine Mama im Kaufhaus verlor; ein heftiges Gewitter in der Nacht; ein Arztbesuch.

 Wir sprechen mit den Kindern über Fantasiegestalten, die sie kennen und vor denen sie sich fürchten.

Die Kinder sitzen im Kreis. Ein Kind beginnt und dreht die Flasche. Das Kind, auf das die Flaschenöffnung zeigt, nennt oder beschreibt eine Fantasiegestalt oder ein Ungeheuer, vor dem es sich fürchten würde. Nun entscheiden alle, ob sie sich so ein Wesen vorstellen können, und ob sie auch Angst haben würden. Wer auch Angst haben würde, veranstaltet ein lautes Angstgeheul, wer keine Angst haben würde, schüttelt stumm den Kopf. Wer keine Angst hat, kann erklären, warum. Etwa, weil er sicher ist, dass dieses Wesen nicht existiert, oder weil er weiß, dass er jederzeit zu seinen Eltern flüchten kann.

Bettdeckengruselei

Mitspieler:
drei Spieler und mehr

Materialien:
eine Flasche

Ein aufmerksamer Zuhörer erfährt bei diesem Spiel schnell, was Kindern unheimlich erscheint. Viele Kinder öffnen sich, wenn Kerzenschein eine heimelige Stimmung erzeugt.

 Alle Kinder treffen sich unter der Bettdecke. Ein Kind beginnt und erzählt eine wirklich gruselige Geschichte. Irgendwann bricht es mitten in der Geschichte ab und ein anderes Kind soll weitererzählen.

Hinweis:

Die Bettdeckengruselei eignet sich eher nach dem Aufwachen und weniger vor dem Schlafengehen, es sei denn, ein paar nicht sehr ängstliche Kinder übernachten gemeinsam. Es kann auch einfach der Raum abgedunkelt und eine Kerze in die Mitte gestellt werden. Wenn den Kindern keine Geschichte einfällt, kann der Spielleiter mit einer spannenden Geschichte beginnen. Ein Vorschlag:

Der Nebel wurde immer dichter. Er war feucht und kalt und schien undurchdringbar. Nicht einmal die Hand vor Augen war zu sehen. In der Ferne heulte ein Hund schauerlich. Unter den Füßen raschelte das Laub. Manuel hatte weiche Knie und ein seltsames Gefühl in der Magengegend. War da nicht etwas? War er etwa nicht allein? Wenn er doch nur den Weg finden würde! Plötzlich berührte etwas seinen Nacken …

Krachmachmonster

ab 3 Besonders jüngere Kinder erschrecken oft vor plötzlichen lauten Geräuschen. Hier kann eine lustige Luftballonknallerei
Abhilfe schaffen. Lassen Sie das Kind mit den Ballons spielen und
warnen Sie es, bevor Sie die ersten Luftballons platzen lassen. Wenn
der erste Schreck überwunden ist, hat das Kind möglicherweise auch
Lust, einen Ballon platzen zu lassen. Es erschrickt, zuckt zusammen
und will es doch gleich noch einmal versuchen.

Mitspieler:
ein Kind und mehr

Materialien:
Luftballons, evtl. Nadeln,
Papiertüten und andere
Geräuschutensilien

Variation:
Auch Papiertüten können aufgeblasen und durch einen heftigen
Schlag mit einem lauten Knall zum Platzen gebracht werden.

Ein plötzliches, lautes Ge-
räusch kann Gefahr bedeu-
ten, etwa eine Explosion;
deshalb macht es uns Angst
und bewirkt eine Schreck-
reaktion.

Gesprächsimpulse:
Sprechen Sie mit den Kindern über Ängste, die durch plötzliche laute
Geräusche entstehen, z. B. durch laute Flugzeuge oder einen unerwartet platzenden Luftballon: Was passiert, wenn du von einem lauten Geräusch erschrickst? Zuckst du zusammen? Würdest du am
liebsten wegrennen?

Anfassen

ab 4 Die Kinder sitzen um einen Tisch oder mit verbundenen Au-
gen im Kreis. Unheimliche Gegenstände wandern unter dem
Tisch von Hand zu Hand, z. B. Eiswürfel, eine Bürste, nasse Seife,
ein Gummitier, ein Hähnchenknochen …
Manchmal kostet es viel Überwindung, die Gegenstände anzufassen.
Wer kann den Gegenstand erraten, ohne ihn anzusehen?

Mitspieler:
drei Kinder und mehr

Materialien:
evtl. Augenbinden, ver-
schiedene Gegenstände,
die sich komisch oder
unheimlich anfühlen

Gesprächsimpulse:
Warum machen uns Dinge, die wir nicht sehen können, Angst?
Könnten sie gefährlich sein oder geht unsere Fantasie mit uns durch?

Ich besiege meine Angst!

Im Spiel kann das Kind erfahren: Ungeheuer können mir nichts anhaben!

Einerseits vermitteln wir Kindern mit Geschichten von Geistern, Hexen und Gespenstern Sicherheit, andererseits bleibt aber ein kleiner Funke Zweifel. Aus dieser Spannung, dem Widerspruch zwischen Wissen und Zweifeln, besteht die Faszination des Gruselns. Wer dieses Gruseln aushält, lernt, die Angst zu besiegen.

Denkbare Spielformen hierbei sind:

• eine Geschichte oder einen Bilderbuchinhalt spielerisch umsetzen,
• Rollenspiel oder Figurenspiel.

Der Erwachsene kann Erzähler und Mitspieler sein. Er muss die Kinder aufmerksam beobachten, damit er es erkennen kann, wenn eine Szene verändert oder verkürzt werden sollte. Er muss sensibel auf das Verhalten der Kinder reagieren und erkennen, wann die Spannung zu groß wird.

Im Folgenden finden Sie einige Anregungen für Gruselspiele (siehe auch Seite 51 ff.):

Flaschengeist

Mitspieler:
ein Kind und mehr

Materialien:
eine leere Flasche, eine Münze

Dinge und Situationen erscheinen uns unheimlich, wenn wir sie nicht verstehen. Wenn wir um die Zusammenhänge wissen, besteht meist kein Anlass mehr, Angst zu haben.

ab 5   Die leere Flasche wird ins Gefrierfach gelegt. Anschließend wird eine nasse Münze auf den offenen Flaschenhals gelegt und die kalte Flasche mit den Händen gewärmt. Nach kurzer Zeit beginnt die Münze auf der Flasche zu klappern. Befindet sich da etwa ein Geist in der Flasche? Im Anschluss erklären wir den Kindern, dass die Bewegung der Münze durch die sich durch die Erwärmung ausdehnende Luft entsteht.

Ploppgeister

Mitspieler:
ein Kind und mehr

Materialien:
getrocknete Erbsen, ein Glas mit Wasser, ein Backblech

ab 6   Erbsen in einem Glas werden mit Wasser bedeckt. Das Glas wird auf das Backblech gestellt. Mit der Zeit beginnen die Erbsen zu quellen und purzeln aus dem Glas. Es entsteht ein schaurig-schönes Ploppgeräusch. Schnell versuchen wir die Ursache des unheimlichen Geräuschs zu erkunden, denn was wir kennen, kann uns keine Angst mehr machen.

Schattenwesen – Schattenschreck

ab 5 Der Raum wird abgedunkelt und ein einzelner Strahler oder eine Lampe spendet Licht, oder es wird in der Dunkelheit gespielt, wenn der Mond durch das Fenster scheint und Schatten an die Wand wirft.

Mitspieler:
ein Kind und mehr

Materialien:
evtl. eine Lichtquelle

- Ein gefährlicher Hund erscheint, wenn Mittel- und Ringfinger auf den Daumen gelegt und Zeige- und kleiner Finger abgespreizt werden.
- Ein schauriger Stacheldrache entsteht, wenn alle Finger einer Hand auf den Daumen gelegt werden, während die abgespreizten Finger der anderen Hand die Stacheln auf dem Handrücken bilden.
- Ein entsetzliches Ungeheuer erscheint, wenn sich ein Kind eine Decke über die Schultern legt und zwischen den ausgebreiteten Händen spannt. Zwei Federn mit einem Stirnband am Kopf befestigt, lassen zusätzlich Hörner entstehen.

Wer sich fürchtet, darf das Licht anschalten und nachsehen, wie das Schattenwesen entstanden ist.

Variation:

ab 4 Zwei Tücher werden an einer Kante so abgenäht, dass ein Tunnel entsteht. So können die Tücher über den Stab oder den Besenstiel gezogen und über zwei Stühlen oder Schränken aufgehängt werden – eine Schattenspielbühne entsteht. Die Lichtquelle wird mit etwas Abstand hinter den Tüchern aufgestellt, die Kinder nehmen vor den Tüchern Platz. Der Spielleiter oder ein Kind begibt sich hinter das Tuch und wählt einen oder mehrere Gegenstände aus und versucht damit Fantasiefiguren zu bilden, die unheimliche Schatten auf das Tuch werfen.

Mitspieler:
drei Kinder und mehr

Materialien:
verschiedene Gegenstände, wie Kleiderbügel, Besen, Haarbürste, Handschuh …, zwei Leintücher, ein langer Stab oder ein Besenstiel und eine helle Lichtquelle

Wer kann erraten, woraus die Schrecken erregenden Ungeheuer bestehen?

Bevor eine neue Schattenfigur gezeigt wird, sprechen wir folgenden Reim:

Grusel, grusel, Schattenschreck,
erkenn ich dich, schon bist du weg!

Nach einigen Rateversuchen werden die Gegenstände durch den Schlitz zwischen den zwei Tüchern geführt und dadurch enttarnt – das Erstaunen ist oft groß!

Das tut weh! – Angst vor Verletzung

*Je mehr Kinder zu voraus-
schauendem Denken in der
Lage sind, desto eher werden
ihnen drohende Gefahren
bewusst. Eine differenzierte
Körperwahrnehmung und die
Fähigkeit, sich selbst und die
eigenen Möglichkeiten realistisch einzuschätzen, können
der Angst entgegenwirken.*

Mit etwa vier bis fünf Jahren haben Kinder ein Körperbewusstsein
entwickelt, das es ihnen ermöglicht, sich ihrer Verletzbarkeit bewusst
zu werden. Sind sie vorher furchtlos auf jede noch so hohe Rutsche
und jedes noch so gefährliche Klettergerüst gestiegen, bekommen sie
jetzt plötzlich Angst, weil ihnen klar wird, dass sie herunterstürzen
und sich verletzen könnten. Das grenzenlose und manchmal gefährliche Vertrauen, das sie früher dazu bewegt hat, sich einfach in die
Arme der Eltern fallen zu lassen, erscheint ihnen nun nicht mehr angebracht.

Mit der Angst vor Verletzung geht nicht selten auch die Angst vor
dem Arzt oder dem Zahnarzt, vor dem Krankenhaus, die Angst vor
Blut und die unverständlich erscheinende Angst vor dem Nägel- oder
Haareschneiden einher. Das Kind fürchtet um seine körperliche Un-
versehrtheit, wenn es Teile seines Körpers hergeben soll oder wenn
es Blut „verliert". So wird auch verständlich, warum ein Pflaster ein
Kind schnell beruhigen kann. Manche Jungen erleben die Angst,
ihren Penis zu verlieren, nachdem sie beobachtet haben, dass den
Mädchen oder der Mutter ein für sie selbst wichtiger Körperteil fehlt.

*Kinder können durch Bilder-
bücher und Rollenspiele auf
Arztbesuche, Krankenhaus-
aufenthalte usw. vorbereitet
werden.*

Um Ängste abbauen zu können, ist es von
entscheidender Bedeutung, sie ernst zu
nehmen und nichts zu verharmlosen.
Das Vertrauensverhältnis kann einen
schlimmen Knacks bekommen, wenn Sie
dem Kind versichern, dass eine Spritze
oder eine notwendige ärztliche Behand-
lung nicht wehtun wird. Seien Sie ehr-
lich und bieten Sie Ihre Nähe und
Unterstützung an.

Floh geht zum Arzt/Zahnarzt

ab 2 *Handpuppenspiel*
  In Form einer kleinen Geschichte können die unterschiedlichsten Situationen aufgegriffen werden, die einen Arztbesuch nötig werden lassen: Floh hat Ohrenschmerzen, Husten, Fieber, Ausschlag, er ist von der Schaukel gestürzt usw.

Gesprächsimpulse:
Was macht der Arzt? Warum? Wie kann Floh seine Angst überwinden und wie damit umgehen? Versteckt er sich vorher? Nimmt er die Mama mit? Steckt er einen Zauberstein in die Hosentasche, damit es nicht weh tut?

Mitspieler:
ein Kind und mehr

Materialien:
Handpuppe, Arztkoffer für Kinder

Mit Floh kann man die verschiedensten Situationen durchspielen, z. B.:
Der Notarzt kommt; ein Fahrradunfall; die Blinddarmoperation usw.

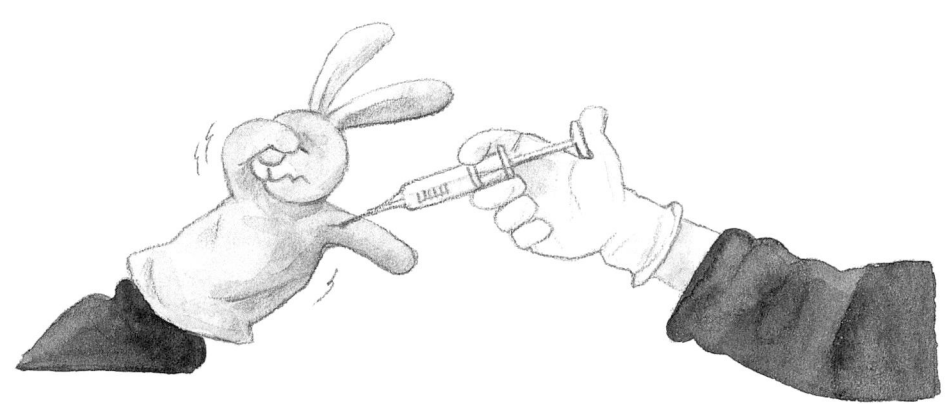

Doktor Ahnungslos

ab 3 *Rollenspiel*
  Sie können selbst in die Rolle eines sehr unerfahrenen Arztes schlüpfen. Ein Kind oder eine (Hand-)Puppe sucht Sie auf. Ihre Diagnose und Ihre Therapievorschläge sind äußerst fragwürdig. So können Sie beispielsweise bei Bauchschmerzen anbieten, das Bein einzugipsen, oder Tee für die gebrochene Hand verabreichen, bei Ohrenschmerzen heftiges Kopfschütteln vorschlagen. Schnell werden die Kinder den Arzt korrigieren und ihre eigenen Erfahrungen und ihr Wissen einbringen. Dann können Sie das Spiel ganz an die Kinder übergeben, die abwechselnd Arzt und Patient spielen.

Mitspieler:
ein Kind und mehr

Materialien:
Rollenspielutensilien, Verkleidungskiste

Die mögen mich bestimmt nicht! – Angst vor Fremden und Schüchternheit

Schüchternheit bezeichnet einen ängstlichen Umgang mit Menschen. Schüchterne Kinder können sich kaum von der vertrauten Bezugsperson trennen und in einer fremden Umgebung bleiben. Auf dem Spielplatz auf andere Kinder zuzugehen oder beim Kindergeburtstag zu bleiben, fällt ihnen oft ebenso schwer wie der Kindergarten- oder Schuleintritt.

Eine gewisse Vorsicht und Zurückhaltung fremden Menschen gegenüber ist durchaus sinnvoll. Ob ein älteres Kind offen und angstfrei auf andere Menschen zugehen kann, hängt zum Teil auch von seinem Wesen ab. Solange ein Kind sich nicht als Außenseiter erlebt, sondern gern allein spielt und sich dabei wohl fühlt, sollten wir es nicht drängen. Wirkt es aber sehr ängstlich und leidet selbst unter dieser Situation, können Erwachsene ihm helfen, zu einem offeneren Umgang zu finden. Eine der wichtigsten Voraussetzungen, um sich öffnen zu können, sind ein gesundes Selbstbewusstsein und Selbstvertrauen (siehe „Durch Sicherheit, Selbstbewusstsein und Vertrauen stark werden", Seite 38 ff.).

Beim Rollenspiel können schüchterne Kinder üben, auf andere Kinder zuzugehen, indem sie Sätze und Redewendungen ausprobieren, die Kontakt herstellen.

Der Angst auf der Spur –
ich zeige meine Angst!

Floh bekommt Besuch

ab 3   *Handpuppenspiel*
Floh ist zu Hause, da klingelt es an der Tür. Floh möchte
schon gern wissen, wer da kommt, aber er fürchtet sich auch. Was
macht er? Sich hinter der Mutter verstecken? Schnell unter den Tisch
kriechen und vorsichtig hervorspitzeln?

Gesprächsimpulse:
Was machst du, wenn fremder Besuch kommt?

Entsprechend lassen sich weitere Situationen durchspielen, z. B.:
• Floh kommt in den Kindergarten.
• Floh auf dem neuen Spielplatz.
• Floh sucht einen Freund.

Mitspieler:
ein Kind und mehr

Materialien:
Handpuppe

*Hier bietet sich im Anschluss
besonders ein Rollenspiel an,
z. B. „Ich bin Floh und du
bist der Besuch". Später werden die Rollen getauscht.*

Nett – oder?

ab 3   Die Zeitschriften werden auf der Suche nach Gesichtern
durchstöbert. Zunächst geht es darum, möglichst viele Gesichter auszuschneiden und zu sammeln. Später können die Kinder versuchen, die Gesichter nach bestimmten Kriterien zu sortieren, z. B.:
• sympathisch – unsympathisch,
• nett und freundlich – böse und unfreundlich,
• erinnert mich an jemanden – erinnert mich an niemanden …

Mitspieler:
ein Kind und mehr

Materialien:
*alte Zeitschriften, Schere,
evtl. Klebstoff, großes Papier*

Gesprächsimpulse:
Warum erscheint dieses Gesicht nett und das andere nicht? Warum
schaut dieses Gesicht so zornig, grimmig, freundlich, traurig? Was
könnten die Personen erlebt haben? Mit wem würdest du gern reden
oder spielen?

Ich besiege meine Angst!

Fest der Tiere

Mitspieler:
drei Kinder und mehr,
evtl. Spielleiter

Materialien:
verschiedene Handpuppen,
evtl. Verkleidungskiste, evtl.
Tierkärtchen (selbst gemacht
oder aus einem Memory-
oder Lottospiel)

Schüchternheit bei Kindern
drückt sich in Mimik und
Gestik oder in der Sprech-
weise aus. Schüchterne Kin-
der machen sich oft klein und
sie reden sehr leise. Dieses
Spiel lässt Kinder erkennen,
dass es darauf ankommen
kann, wie man etwas sagt.

ab 4 *Rollenspiel*
Alle Tiere des Waldes werden zu einem großen Kennenlern-
fest eingeladen. Entweder wählen die Kinder selbst eine Rolle oder
es werden Tierkärtchen gezogen und jeder übernimmt die Rolle des
Tiers auf seiner Karte.
Der Spielleiter oder verschiedene Kinder schlüpfen in die Rollen der
Tiere, die sich Gedanken machen, wie sie für das Fest aussehen
möchten, wie sie sich vorstellen wollen, z. B.:
Der Fuchs legt Wert darauf, besonders gut gekleidet zu sein. Das
Eichhörnchen möchte für alle etwas Hübsches mitbringen. Die Ha-
selmaus möchte besonders lustig sein, damit alle gleich lachen und
das Eis gebrochen ist. Die Eule möchte besonders klug erscheinen,
um von allen geachtet zu werden. Der Igel stellt seine Stacheln auf,
damit ihm niemand zu nahe kommt. Das Reh möchte am liebsten
gar nicht hingehen …
Schließlich beginnt das Fest und jedes Tier stellt sich auf seine Weise
den anderen vor.

Variation:
Auf ähnliche Weise könnten verschiedene Themen durchgespielt
werden, z. B. ein Zoofest, ein Dschungelfest, ein Stadtteilfest, ein
Kinderfest.

Gesprächsimpulse:
Wie musst du dreinblicken, damit du dich nett findest, damit du
gefährlich aussiehst, damit du neugierig wirkst …? Wie müsste ein
anderes Kind dich ansehen, damit du dich zu ihm hintraust, mit
ihm reden oder spielen möchtest …?

Ich und du

ab 4 *Rollenspiel*

Entweder schließt sich diese Spielform an das links beschriebene Spiel an oder den Kindern wird eine kurze Geschichte erzählt: Alle Tiere der Erde treffen sich zu einem großen Fest, weil sich endlich einmal alle kennen lernen möchten. Zu Beginn des Festes soll jeder in die Mitte treten und sich vorstellen. Die Maus piepst leise und zaghaft. Das Vögelchen zwitschert fröhlich. Die Katze faucht oder schnurrt. Der Löwe brüllt. Der Hund knurrt. Der Elefant trompetet …

Jedes Kind übernimmt die Rolle eines Tieres. Mal sehen die anderen neugierig zu, mal reagieren sie belustigt, erschreckt oder erstaunt. Schließlich wollen die Tiere einmal ausprobieren, wie es ist, in eine andere Rolle zu schlüpfen.

Gesprächsimpulse:
Wie wirkt es, wenn der Löwe oder der Elefant flüstert oder piepst? Wie könnte die Maus reagieren, wenn die Katze schnurrt? Wann ist es angebracht zu piepsen wie eine Maus oder zu brüllen wie ein Löwe? Hilft es dir, ein großes, starkes Tier zum Vorbild zu nehmen?

Mitspieler:
fünf Kinder und mehr

Materialien:
Handpuppen oder Verkleidungsutensilien

Damit Kinder sich selbst, ihr Äußeres und ihre Wirkung auf andere besser kennen lernen, bieten sich Spiegelspiele an. Die Kinder beobachten sich in einem großen Spiegel, wenn sie in andere Rollen schlüpfen.

Partnersuche 1

Mitspieler:
sechs Kinder und mehr

Materialien:
Bildkarten von Tierfamilien,
evtl. zum Umhängen

ab 4 *Rollenspiel*
Die Bildkarten werden gut durchgemischt. Jedes Kind darf eine Karte ziehen, wobei immer zwei oder mehr Kinder das gleiche Motiv auf ihrer Karte haben. Nun machen sich alle auf den Weg, um ihre Familie zu suchen. Die Kinder bewegen sich dabei auf die für das Tier typische Weise fort und geben die entsprechenden Laute von sich. Das gibt ein lustiges Durcheinander. Welche Familie ist zuerst vollständig? Alle Familien, die sich gefunden haben, setzen sich zusammen auf den Boden oder bilden eine Gruppe, z. B. für ein weiteres Spiel.

Partnersuche 2 – Gemeinsamkeiten und Unterschiede

Mitspieler:
fünf Kinder und mehr,
Spielleiter

Materialien:
Kassettenrekorder oder
CD-Player, evtl. eine Decke

Dieses Spiel bietet eine schöne Möglichkeit, Gemeinsamkeiten, aber auch Unterschiede zu erkennen und ein Zugehörigkeitsgefühl zu entwickeln.

ab 3 Alle Kinder tanzen zu Musik durch den Raum. Wenn die Musik stoppt, nennt der Spielleiter eine Aufgabe, bzw. ein Kriterium, nach dem die Kinder sich in Gruppen zusammenfinden sollen, z. B.: „Alle Kinder, die am liebsten Spagetti essen, bilden eine Gruppe (oder treffen sich auf der Decke, stampfen, klatschen, hüpfen)!" – „Alle Kinder, die fünf Jahre alt sind, bilden eine Gruppe!" Die anderen Kinder bleiben im Raum verteilt. Oder: „Alle Kinder, die gleich alt sind, bilden eine Gruppe." Hier müssen alle Kinder zu einer Gruppe finden. Das ist etwas schwieriger und erfordert vielleicht die Unterstützung des Spielleiters.
Weitere Kriterien: Haarfarbe oder Haarlänge, Geschwisterzahl, Monat des Geburtstags, Radfahrer – Rollerfahrer, Nichtschwimmer – Schwimmer usw.

Willkommen!

Mitspieler:
fünf Kinder und mehr

Materialien:
keine, evtl. Ball oder Flasche

ab 3 Die Kinder stehen oder sitzen im Kreis. Ein Kind, das sich freiwillig meldet, geht in die Mitte. Durch Augenzwinkern, Zuwerfen eines Balles oder Flaschendrehen wählt es ein Kind aus, das von ihm willkommen geheißen wird. Es geht zu dem Kind und sagt: „Susi, ich heiße dich willkommen mit einem Schulterklopfen (oder einem Händeschütteln oder einer Verbeugung)." Das begrüßte Kind darf nun seinerseits ein Kind willkommen heißen. Jedes Kind darf sich selbst einen Willkommensgruß ausdenken.

Punkte sammeln

ab 4   Jedes Kind bekommt einen Stift und bewegt sich frei durch den Raum. Immer, wenn sich zwei Kinder begegnen, nennen sie sich gegenseitig beim Namen. Etwa so: „Ich kenne dich, du heißt Maria." War der Name des Gegenübers richtig, bekommt das Kind einen Punkt ins Gesicht gemalt. Das sieht mit der Zeit so lustig aus, dass die Kinder immer mehr ins Kichern geraten und Spannung abgebaut wird. Wer hat am Schluss die meisten Punkte ergattern können?

Hinweis:
Wenn die Kinder sich besser kennen, können sie neben dem Namen auch ein persönliches Merkmal oder eine Vorliebe nennen, z. B. das Alter, das Lieblingsspielzeug des anderen oder sein Lieblingsessen.

Mitspieler:
sechs Kinder und mehr

Materialien:
großes Papier, z. B. Tapeten-rolle, verschiedene Stifte, evtl. Finger- oder Wasser-farben

Gruppenbild mit mir!

ab 4   Die Kinder finden sich paarweise oder in kleinen Gruppen zusammen. Nacheinander legen sie sich auf das Papier und der Partner fährt den Umriss mit einem dicken Stift nach. Anschlie-ßend malt jedes Kind sein eigenes Bild aus oder die Kinder helfen einander. Die fertigen Bilder werden zu einem Gruppenbild zu-sammengefügt.

Mitspieler:
fünf Kinder und mehr

Materialien:
abwaschbare Stifte, z. B. Schminkstifte

Ich habe mich verlaufen! –
Panik in einer schwierigen Situation

Sosehr man auch aufpasst, plötzlich ist es passiert: Das Kind findet seine Eltern im Kaufhaus nicht mehr! Eine schreckliche Erfahrung für ein Kind, die sehr nachhaltig wirken kann.

Wir können vorbeugend einiges tun, um Kindern die schlimmsten Panikreaktionen zu ersparen. Deshalb sollte man mit ihnen in einem ruhigen Moment über Handlungsstrategien in potenziell gefährlichen Situationen sprechen, z. B.: Was ist zu tun, wenn es brennt, wenn mich jemand im Auto mitnehmen möchte usw.?

Wissen ist Sicherheit! Alle Problemsituationen, die Kinder schon einmal ganz gelassen in einer Spielsituation ausprobieren konnten, können sie in der Realität eher meistern.

Ich besiege meine Angst!

Initiieren Sie Rollen- und Figurenspiele zu den verschiedensten Situationen, die eintreten können.

Wenn ein Kind sich zu helfen weiß, gerät es nie in völlige Panik.

Floh hat im Kaufhaus seine Mama verloren

ab 3 *Handpuppenspiel*

Floh hat panische Angst und ruft nach der Mutter. Er beginnt laut zu weinen und zu brüllen. Er rennt durch das ganze Kaufhaus, um sie zu suchen. Er fragt eine Verkäuferin – schließlich wird seine Mutter ausgerufen. Falls so etwas je wieder passieren sollte, kann Floh mit der Mutter vereinbaren, sich mit ihr an dem Eingang zu treffen, zu dem sie hereingekommen sind.

Weitere Möglichkeiten mit ähnlichen Situationen:

- Floh auf dem Jahrmarkt,
- Floh hat sich in der Stadt verlaufen.
- Hilfe, es brennt!

Mitspieler:
ein Kind

Materialien:
Handpuppe

Im Anschluss an das Spiel mit der Handpuppe kann ein Rollenspiel erfolgen.

Weiterführende Spielidee:

Hilfe!

ab 5 *Rollenspiel*

Sprechen Sie mit Kindern vorbereitend über Situationen, in denen sie Hilfe benötigen. Wem können sich die Kinder anvertrauen und wo oder bei wem können sie sich im Notfall Hilfe holen? Jetzt folgt ein Rollenspiel:

Ein Kind in einer brenzligen Situation sucht Hilfe. Die anderen Kinder schlüpfen in verschiedene Rollen, z. B. Polizist, Feuerwehrmann, Briefträger, Nachbar. Das Kind geht im Kreis herum und überlegt, wer in dieser Lage am besten helfen könnte. Der Polizist, weil er immer helfen muss? Der Briefträger, weil er sich gut auskennt und den Weg beschreiben kann, wenn ihm die richtige Adresse genannt wird? Wenn das Kind selbst keine Lösung findet, können die anderen Kinder ihre Hilfe anbieten. Wie könnten sie helfen?

Kinder müssen ihren Namen und ihre genaue Adresse kennen, damit sie im Ernstfall jemanden um Hilfe bitten können. Vereinbaren Sie mit Kindern Regeln für den Notfall, z. B. einen bestimmten Treffpunkt beim Einkaufen.

Mitspieler:
drei Kinder und mehr

Materialien:
Verkleidungsutensilien

Was nun?

ab 6 Alle Kinder stehen oder sitzen im Kreis. Ein Kind wirft den Ball einem anderen Kind zu, nennt eine Situation, in der es Angst hat, und fragt: „Was nun?" Wer den Ball fängt, versucht, einen Lösungsvorschlag zu machen. Wenn dem Fänger keine entsprechende Lösung einfällt, bittet er die anderen um Hilfe.

Anmerkung:

Sprechen Sie mit den Kindern vorher über die unterschiedlichsten Ängste. Fällt es den Kindern anfangs trotzdem schwer, Situationen zu beschreiben und Fragen zu formulieren, kann der Spielleiter die Fragen stellen und die Kinder werfen sich den Ball zu und antworten. Steigerung des Schwierigkeitsgrades: Das Kind, das die Frage formuliert, hat die Möglichkeit, sich mit dem Lösungsvorschlag nicht zufrieden zu geben oder zu entscheiden, dass die angebotene Lösung für es selbst nicht in Frage kommt. Dann suchen alle gemeinsam nach neuen Lösungsmöglichkeiten.

Mitspieler:
fünf Spieler und mehr, evtl. Spielleiter

Materialien:
Ball

Hilfe, eine Spinne! – Angst vor Tieren

Wichtig ist es, Kindern Verhaltensweisen zu vermitteln, die hilfreich und sinnvoll sind, z. B. vor dem Hund nicht weglaufen, nicht nach den Wespen schlagen, sich dem Pferd nicht von hinten nähern usw.

Ängste vor Tieren sind häufig und bis zu einem gewissen Grad normal und auch angebracht, z. B. die Angst vor einem gefährlichen Hund oder vor einem Raubtier. Wenn wir ein Tier nicht richtig einschätzen und nicht voraussehen können, wie es sich verhalten wird, macht uns das Angst und lässt uns vorsichtig sein. Das ist ein normaler und wichtiger Schutzmechanismus. Manche dieser Ängste aber, z. B. die Angst vor Spinnen oder Mäusen, scheinen völlig unbegründet. Hier kann es hilfreich sein, sich mit der Lebensweise dieser Tiere zu beschäftigen, um erfahren zu können, wie harmlos sie sind. Kinder fürchten sich oft vor Tieren, deren Eigenschaften sie nicht genau kennen, und verlieren ihre Angst, wenn ihnen die Tiere vertraut werden. Panische Ängste, z. B. vor einer Biene, einem Hund oder einem anderen Tier, haben meist nichts mit dessen objektiver Gefährlichkeit zu tun. Manche Psychologen vermuten, dass das Kind eher seine negativen Gefühle gegen seine Eltern unbewusst auf die Eigenschaften des Tieres überträgt. Das Tier birgt dann alles Böse in sich und das Kind hat nicht mit den Eltern, sondern mit dem Tier Schwierigkeiten. Die Angst vor Tieren erfüllt damit den Zweck, die Konflikte aus der Beziehung zu den Eltern herauszuhalten. Diese Angst ist kaum mit Vernunftargumenten zu beseitigen. Normale Ängste vor Tieren können aber gemildert werden.

Ich besiege meine Angst!

Floh und die Spinne

ab 2

Handpuppenspiel
Erfinden Sie eine kurze Geschichte, in der Floh sich vor einem
Tier fürchtet – greifen Sie dabei die Ängste des Kindes auf, z. B. die
häufige Angst vor Spinnen. Was könnte Floh tun? Nach Hilfe rufen?
Aus dem Zimmer rennen? Eine Schüssel über die Spinne stülpen und
den großen Bruder holen?
Weitere Themen:
• ein gefährlicher Hund,
• eine wilde Katze,
• Bienen und Wespen,
• ein großes Pferd …

Mitspieler:
ein Kind und mehr

Materialien:
Handpuppe

Unter die Lupe nehmen

ab 3

Wer im Garten aufmerksam zwischen Bäumen und Sträuchern sucht, findet allerlei Getier. Da wandern Ameisen,
Spinnen, Käfer … Unter der Lupe können sie genauer betrachtet
und beobachtet werden.

Mitspieler:
ein Kind und mehr

Materialien:
*eine Lupe, am besten eine
Becherlupe*

Hinweis:
Wenn Kinder vor kleinem Getier Angst haben, kann ihnen die Auseinandersetzung mit allerlei Spinnen, Käfern, Ameisen, Schnecken,
Fliegen weiterhelfen. Eine Becherlupe eignet sich dazu besonders,
weil die Tiere nicht entkommen und herauskrabbeln können.
Beängstigend sind diese Tierchen für Kinder oft, weil sie sich so
schnell und unkontrolliert bewegen. Mit einer Becherlupe können
Kinder ohne Angst beobachten und entdecken, wie spannend und
interessant beispielsweise Insekten sind. Fangen Sie zunächst Tiere,
vor denen sich das Kind nicht fürchtet, bevor Sie auch einmal eine
Spinne oder ein anderes „gefährliches" Tier im Becher beobachten.

*Wenn Kinder etwas über die
Lebensweise der Tiere erfahren, hilft ihnen das, Ängste zu
überwinden.*

Geht jetzt die Welt unter? –
Angst vor Naturphänomenen und Unheil

Viele Naturphänomene und -gewalten sind für Kinder nur schwer zu verstehen. Die grellen Blitze, die durch die Nacht zucken und von ohrenbetäubendem Donnergrollen begleitet werden, das Brausen eines heftigen Sturms, begleitet von peitschendem Regen, die eingeschränkte Sicht durch dichten Nebel und viele andere Naturerscheinungen versetzen Kinder verständlicherweise in Angst und Schrecken. Hier gilt es in erster Linie, einem verängstigten Kind beizustehen und es durch körperliche Nähe Sicherheit und Geborgenheit erfahren zu lassen. So kann ein Kind ein (nächtliches) Naturschauspiel am Fenster oder vom Bett aus beobachten.

Ängste vor den Folgen der Umwelt- und Naturzerstörung, vor Kriegen und anderem Unheil sollten wir nicht einfach abtun. Sinnvoller ist es, die eigenen Ängste und manchmal auch die eigene Hilflosigkeit zuzugeben. Daneben können wir mit den Kindern gemeinsam überlegen, was wir konkret für eine bessere Welt tun können, z. B. Abfälle einsammeln, Hilfspakete verschicken, demonstrieren, beten usw. Auch wenn unsere Aktionen oft nur ein Tropfen auf den heißen Stein sind, befreien sie doch ein wenig von dem ängstigenden Gefühl der Hilflosigkeit.

Durch Spiele und Erklärungen werden für das Kind Zusammenhänge in der Natur durchschaubar. So kann aus panischer Angst Faszination und Respekt vor Naturgewalten werden. Entspannungsübungen helfen, nach einem nächtlichen Gewitter wieder zur Ruhe zu kommen.

Mitspieler:
ein Kind und mehr

Materialien:
Gegenstände, mit denen sich Donnergrollen nachahmen lässt, z. B. Blecheimer, Topfdeckel, Stöcke zum Draufschlagen, Taschenlampen, Blitzlichtgeräte

Gewittermacher

ab 3 Nach einem heftigen Gewitter können wir uns selbst als Gewittermacher betätigen. Wenn das Kind mutig genug ist, kann der Raum ein wenig abgedunkelt werden. Dann werden mit verschiedenen Hilfsmitteln Blitz und Donner, das Prasseln des Regens und das Klopfen des Hagels nachgeahmt. Schließlich zieht das Gewitter langsam vorüber, Blitz und Donner werden seltener und langsam wird es wieder heller.

Gewitterbild

ab 3 Am besten eignet sich schwarzes Papier, die Kinder können aber auch selbst mit schwarzer oder grauer Farbe für „Dunkelheit" sorgen. Nun versuchen sie eine Gewitterstimmung auf das Papier zu bannen, indem sie mit Wachsmalstiften durch schnelle Bewegungen Blitze auf das Papier malen oder durch das Hineinblasen in einen Strohhalm Farbtropfen explodieren lassen.

Mitspieler:
ein Kind und mehr

Materialien:
Wasserfarben oder Wachsmalstifte, für jedes Kind ein Bogen Papier oder für alle zusammen ein großer Bogen

Es regnet

ab 2 *Fingerspiel oder Massage*
Folgender Vers beschreibt den Verlauf eines Gewitters:
Es tröpfelt, es regnet, es gießt, es hagelt, es blitzt, es donnert! Alle Kinder laufen schnell nach Haus. Und plötzlich scheint die Sonne wieder.
Es sind verschiedene Spielformen möglich: Entweder als Fingerspiel, dann wird zuerst mit den Fingerspitzen immer schneller und heftiger auf eine Tischplatte oder den Boden geklopft. Schließlich klopfen wir mit den Fingerknöcheln für den Hagel, machen für den Blitz eine heftig zuckende Bewegung mit der ganzen Hand durch die Luft und trommeln mit den Fäusten für den Donner auf den Tisch. Zuletzt lassen wir alle Finger schnell hinter dem Rücken verschwinden, bevor sie abgespreizt als Sonnenstrahlen wieder zum Vorschein kommen.

Mitspieler:
ein Kind und mehr

Materialien:
keine

Oder: Wir führen passende Bewegungen mit dem ganzen Körper aus, indem wir mit den Zehen klopfen, mit den Füßen stampfen usw. Die Bewegungen mit dem ganzen Körper helfen, ebenso wie die folgende Massage, Spannungen abzubauen: Jeder Mitspieler sucht sich einen Partner. Einer der Partner liegt bäuchlings auf dem Boden, der andere Partner kniet davor. Er spricht den Text und begleitet ihn mit folgenden Bewegungen: Mit zwei Fingern langsam abwechselnd, später mit allen zehn Fingern, auf den Rücken klopfen, dabei immer stärker und schneller werden. Mit den Fingerknöcheln vorsichtig auf den Körper „hageln". Die Zeigefinger im Zickzack als Blitze über den Rücken zucken lassen. Mit beiden Fäusten auf den Körper „donnern". Die Finger beider Hände zappelnd auf dem Rücken von der Mitte zu den Körperseiten laufen lassen. Mit beiden Händen als wärmende Sonne über den Rücken streichen.

Kommt Oma nie wieder? –
Angst vor dem Tod

Die Vorstellung, dass der tote Wellensittich im Wellensittichhimmel umherfliegt oder die verstorbene Großmutter vom Himmel auf das Kind herabblickt, kann tröstlich sein.

Die meisten Kinder werden irgendwann mit dem Tod konfrontiert – sei es der Tod eines geliebten Haustiers oder der Tod eines nahe stehenden Menschen. Auch schwerstkranke Kinder oder Kinder, die einen Unfall hatten, befinden sich in einer für sie völlig neuen Situation – in einer Krisensituation – und sie leiden unter existenziellen Ängsten. Den Erwachsenen fällt es oft schwer, mit Kindern über dieses Thema zu sprechen, sie weichen aus oder geben nur halbherzige Antworten. Kinder spüren es, wenn wir ihnen ausweichen, und sie spüren die Beklemmung, die uns befällt, wenn es um den Tod geht. Und das ist es letztlich wohl auch, was sie am meisten ängstigt – die Beklemmung und die Sprachlosigkeit. Wir sollten deshalb Gelegenheiten nutzen, die sich im Alltag bieten, um ohne zu starke emotionale Belastung über den Tod zu sprechen – eine tote Katze am Straßenrand, ein toter Vogel im Garten usw.
Werden Kinder in ihrem engeren sozialen Umfeld mit dem Tod konfrontiert, sollten sie Abschied nehmen dürfen. Das Kind sollte einen todkranken Menschen besuchen können, um das langsame Abschiednehmen zu verstehen. Auf jeden Fall sollte es an der Beerdigung teilnehmen dürfen, wenn es das möchte.

Für Kinder, die sehr betroffen sind und wenig Möglichkeiten haben, über ihre Ängste, Sorgen und vielleicht sogar Schuldgefühle zu sprechen, kann das Puppen- oder Rollenspiel eine große Hilfe sein, um sich mit ihren Ängsten auseinander zu setzen. Die Puppe oder ein Kuscheltier kann zum Verbündeten werden, dem man alles sagen kann und mit dem man die Krisensituation immer wieder durchspielen und damit aufarbeiten kann.

Mit Verlusten umgehen

Flohs Wellensittich ist gestorben

ab 3

Handpuppenspiel
Floh ist sehr unglücklich. Er möchte keinen neuen Wellensittich kaufen. Er sieht sich Fotos von seinem Wellensittich an und erinnert sich an die schönen Tage. Er macht ein Grab für den Wellensittich und schmückt es mit Blumen …

Mitspieler:
ein Kind

Materialien:
Handpuppe

Abschied nehmen

Ritual
Wenn ein Kind tatsächlich einen Verlust zu bewältigen hat, etwa den Tod eines Haustiers, Freundes oder Angehörigen, können wir ihm beistehen und seine Erinnerungen, Trauer, Wut, Verzweiflung und Angst annehmen. Vielleicht begraben wir den Hamster gemeinsam und schmücken sein Grab, malen ein schönes Bild von ihm, stellen ein Foto auf, besuchen den Friedhof oder gestalten eine Tafel mit Modelliermasse.

Abschiedsrituale können den Schmerz lindern und Ängste überwinden helfen – sie helfen, die notwendige Trauerarbeit zu leisten.

Ich kann das nicht! –
Schulangst und Versagensängste

Ab etwa fünf Jahren beginnen Kinder, sich mit anderen zu vergleichen und ihre Fähigkeiten und Fertigkeiten zunehmend realistischer einzuschätzen. Jetzt kommt es entscheidend darauf an, welches Selbstwertgefühl sie bisher entwickeln konnten: Fühlen Kinder sich als Person geachtet, anerkannt und wertgeschätzt, mit dem sicheren Wissen, vieles schon gut zu können, werden sie sich selbst etwas zutrauen und unabhängiger vom Urteil anderer werden. Dazu gehört auch die Sicherheit, nicht allen gefallen und nicht alles können zu müssen und trotzdem geliebt und geachtet zu werden. So schwindet die Angst zu versagen, die sich häufig besonders deutlich in der Schulangst manifestiert (siehe auch „Durch Sicherheit, Selbstbewusstsein und Vertrauen stark werden", Seite 38 ff.).

Eltern sollten Leistungen und Noten nicht zu wichtig nehmen, sondern Selbstvertrauen stärken. Vor Schulangst schützen auch Entspannungs- und Atemübungen. Magische Helfer oder kleine Gebete geben Kraft.

Auch wenn Ereignisse, wie Prüfungen in der Schule, nicht unmittelbar lebensbedrohlich sind, können sie doch in gewisser Weise als existenzielle Bedrohung erlebt werden. Eine völlige Gleichgültigkeit und das Fehlen jeder Nervosität vor einer Prüfung erscheint nicht unbedingt wünschenswert, da ein bestimmter Grad an Anspannung zu einem Zustand geistiger Wachheit und leistungsfördernder Konzentration führt. Ein zu hohes Angstniveau und zu große Aufregung können aber auch bewirken, dass ein gut vorbereiteter Schüler infolge der Anspannung versagt.

Ein weiterer Auslöser für Schulangst kann auch in der zunehmenden Orientierung des Schulkindes an Gleichaltrigen liegen. Die Rollenfindung innerhalb der Klassengemeinschaft läuft nur selten ohne Rangeleien, Machtkämpfe und Konflikte ab. Sie kann deshalb durchaus angstauslösend wirken (siehe auch „Die mögen mich bestimmt nicht!", Seite 88 ff.).

Ich besiege meine Angst!

Angstvogel

ab 4 Aus Pappe einen Vogelkörper mit Füßen, einen Kopf mit Schnabel, Flügel und Schwanzfedern ausschneiden. Alle Teile bemalen oder mit Buntpapier bekleben und mit einer spitzen Schere in die entsprechenden Stellen Löcher bohren, damit sie mit Hilfe der Musterklammern mit dem Vogelkörper verbunden werden können. Kindern fällt es oft schwer über ihre Gefühle, besonders über Angstgefühle, zu sprechen. Der Angstvogel kann z. B. an die Tür des Kinderzimmers gehängt werden. Wenn das Kind sich mutig und fröhlich fühlt, dreht es den Kopf, die Flügel und die Schwanzfedern in die Höhe, wenn es ängstlich oder traurig ist, lässt auch der Angstvogel den Kopf hängen. So zeigt der Angstvogel vielleicht rechtzeitig die Angst vor einer Prüfung an. In einer Kindergartengruppe oder Schulklasse können Kinder morgens, wenn sie in die Gruppe kommen, mit dem Angstvogel anzeigen, wie sie sich heute fühlen. Möglicherweise bietet der Lehrer eine kleine Atem- oder Entspannungsübung an oder singt ein Lied zur Auflockerung.

Mitspieler:
ein Kind und mehr

Materialien:
ein Stück Pappe, drei Musterklammern, Schere, Buntpapier oder Farbstifte

Wenn das Kind weiß, dass es manches gut kann, überwindet es seine Angst leichter.

Freuden und Lasten

ab 6 Jedes Kind zeichnet seinen Umriss auf das Papier und in jeder Hand hält es einen Koffer. Wer mag, kann einen Koffer schön schmücken, den anderen schwarz umranden. Jetzt darf es in den einen Koffer alles malen oder schreiben, was ihm an der Schule gefällt, während in den anderen Koffer alles kommt, was das Kind nicht mag oder wovor es sich fürchtet.

Weiterführende Beschäftigung:
Vielleicht können wir gemeinsam überlegen, wie wir den Lastenkoffer leichter machen können. Was müssten wir ändern? Einander helfen? Vorher intensiv üben? Noten nicht laut vorlesen?

Mitspieler:
ein Kind und mehr

Materialien:
ein großer Bogen Papier, Stifte

Bei diesem Spiel wird deutlich, was Kindern Angst macht, wo sie Schwächen und Unzulänglichkeiten sehen oder was sie bedrückt.

Kindermutmachlied
Ritual

Refrain:

La la la la la la la la la la la la la
la la la la la la la la la la la la la la la
la la la la la la la la la.

Strophen:

1. Wenn ei - ner sagt: „Ich mag dich, du, ich
find dich ehr - lich gut", dann krieg ich ei - ne
Gän - se - haut und auch ein biss - chen Mut.

Wenn einer sagt: „Ich brauch dich, du, ich schaff es nicht allein!",
dann kribbelt es in meinem Bauch, ich fühl mich nicht mehr klein.
Wenn einer sagt: „Komm, geh mit mir, zusammen sind wir was!",
dann werd ich rot, weil ich mich freu, dann macht das Leben Spaß.
Gott sagt zu dir: „Ich hab dich lieb, ich wär so gern dein Freund.
Und das, was du allein nicht schaffst, das schaffen wir vereint!"

Das Lied kann ein wunderschöner Abschluss einer Spielsequenz
sein, in der es darum geht, sich gegenseitig Mut zu machen und zu
helfen, z. B.:

Floh hat Angst in der neuen Kindergartengruppe und schafft schließlich einen Anfang, weil andere Kinder auf ihn zukommen. Er stellt fest: „Das kann ich nicht allein! Aber andere können mir helfen!" Oder die ganze Klasse singt das Lied zur Spannungsabfuhr gemeinsam vor einer Klassenarbeit.

Spitzenmäßig!

`ab 4` Alle sitzen im Kreis. Ein Kind beginnt und nennt etwas, das es gut kann. Dann ist das nächste Kind an der Reihe. Einem Kind fällt nichts ein? Sein Nachbar weiß bestimmt etwas!

Variation:
Ein Kind geht in die Mitte. Reihum nennen die anderen Kinder Fähigkeiten und Fertigkeiten und gute Eigenschaften des Kindes und alle klatschen dazu. Das macht Mut und stärkt das Selbstbewusstsein.
Oder: Ein Kind wählt in Gedanken ein Kind aus und beschreibt all seine guten Eigenschaften und Fähigkeiten. Wer errät wohl zuerst, wer gemeint ist – das Kind selbst oder die anderen Kinder?

Mitspieler:
vier Kinder und mehr

Materialien:
keine

Kindern fällt es oft schwer, die eigenen Fähigkeiten richtig einzuschätzen und Gutes an sich zu finden. Umso schöner ist die Erfahrung, dass andere etwas Spitze an ihnen finden.

Der Lehrer in der Unterhose

`ab 6` Oft haben Kinder Angst vor bestimmten Personen – Nachbarn, Lehrern usw. Gegen ängstigende Vorstellungen können lustige Bilder im Kopf helfen:
Der Lehrer wirkt nur noch halb so furchteinflößend, wenn das Kind ihn sich in der Unterhose oder im Schlafanzug, mit Zahnlücke, Glatzkopf, grässlichem Ausschlag oder auf der Toilette vorstellt.
Der Fantasie des Kindes sind keine Grenzen gesetzt. Und manche Vorstellung bewirkt ein geheimes Grinsen, das die Situation ein wenig entschärfen kann.

Mitspieler:
ein Kind

Materialien:
keine

Spielanregungen nach Themengebieten

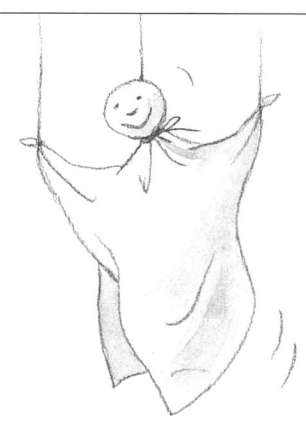

Bibliografische Information Der Deutschen Bibliothek
Die Deutsche Bibliothek verzeichnet diese Publikation
in der Deutschen Nationalbibliografie;
detaillierte bibliografische Daten sind im Internet über
http://dnb.ddb.de abrufbar

Die Schreibweise entspricht den Regeln der neuen Rechtschreibung.

4 3 2 1   03 04 05 06

Illustrationen: Doris Rübel
Fotos: S. 8, 20, 34, 40, 48, 56, 61, 64, 88, 100: Heidi Velten
S. 12: Johannes Volz
S. 26: DigitalVision
Umschlagfoto: © Icons/Schuster/f1online
Umschlagkonzeption: Schmieder & Sieblitz
Redaktion: Jeanette Stark-Städele
Printed in Germany

ISBN 3-473-37835-6

www.ravensburger.de